CB081183

A CRISE E O DIREITO

Colecção SPEED (Seminário Permanente Sobre o Estado e o Estudo do Direito)
Coordenadoras: Helena Pereira de Melo
Marlene Mendes
Margarida Paz
Vol. 6

A CRISE E O DIREITO

Jorge Bacelar Gouveia e Nuno Piçarra (Coordenadores)

António Manuel Hespanha
Eduardo Paz Ferreira
Nuno Piçarra
Jorge Bacelar Gouveia
Paulo Otero
Carlos Ferreira de Almeida
Vítor Pereira das Neves
Margarida Lima Rego
José João Abrantes
Nazaré da Costa Cabral
António Garcia Pereira
Helena Pereira de Melo

ALMEDINA

FACULDADE DE DIREITO UNIVERSIDADE NOVA DE LISBOA

CEDIS

INSTITUTO DE DIREITO PÚBLICO

A CRISE E O DIREITO
COORDENADORES
JORGE BACELAR GOUVEIA e NUNO PIÇARRA
(jbg@fd.unl.pt) (nunopicarra@fd.unl.pt)
EDITOR
EDIÇÕES ALMEDINA, S.A.
Rua Fernandes Tomás n.ºs 76, 78, 80
3000-167 Coimbra
Tel.: 239 851 904 · Fax: 239 851 901
www.almedina.net · editora@almedina.net
DESIGN DE CAPA
FBA.
PRÉ-IMPRESSÃO
EDIÇÕES ALMEDINA, S.A.
IMPRESSÃO E ACABAMENTO

Junho, 2013
DEPÓSITO LEGAL
....

ALMEDINA | GRUPOALMEDINA

BIBLIOTECA NACIONAL DE PORTUGAL – CATALOGAÇÃO NA PUBLICAÇÃO

ÍNDICE

NOTA PRÉVIA

1. O presente volume publica os textos que serviram de base ou que constituem desenvolvimentos das conferências feitas no colóquio "A Crise e o Direito", que teve lugar em 22 de maio de 2012, numa iniciativa conjunta da FDUNL – Faculdade de Direito da Universidade Nova de Lisboa (www.fd.unl.pt), do IDP – Instituto de Direito Público (www.idireitopublico.com) e do CEDIS – Centro de Investigação & Desenvolvimento em Direito e Sociedade (www.cedis.fd.unl.pt).

Como organizador desse colóquio, renovo publicamente os agradecimentos a todos os palestrantes, congratulando-me com a excelência das intervenções proferidas, agora disponibilizadas a um público mais amplo.

Agradeço também à Faculdade de Direito da Universidade Nova de Lisboa, na pessoa da Professora Doutora Helena Pereira de Melo, sua Subdiretora, e na pessoa do Professor Doutor Nuno Piçarra.

2. Nestas breves linhas, gostaria de frisar o caráter pioneiro deste colóquio e das perspetivas que nele se estabeleceram: este foi o primeiro evento científico em que, numa Faculdade de Direito, se refletiu abundantemente sobre as consequências que a crise que nos assola projeta sobre o Direito, em diversos dos seus ramos. E tudo isso não apenas num prisma meramente normativista, mas considerando também a realidade subjacente ao Direito, que este pretende regular.

Ao caráter pioneiro dessa reflexão junta-se, porém, a sua dificuldade, na medida em que os juristas são chamados a responder a desafios novos, mesmo se perante crises económico-financeiras que noutros tempos tiveram manifestações paralelas.

Ora, este colóquio é bem ilustrativo da capacidade demonstrada para lidar com estas novas situações, devendo sempre residir no Direito uma força normativa própria de impor um caminho que brote dos seus princípios e dos seus valores.

Numa perspetiva otimista quanto ao futuro, estou em crer que esta crise que se abateu sobre todos nós pode ser uma oportunidade para se mostrar a diretividade valorativa do Direito, contra outras correntes mais ou menos deliquescentes de uma energia intrínseca de que o Direito é necessariamente portador, a qual sempre o situa na vanguarda dos problemas sociais, aí atempadamente sinalizando a via da sua resolução.

Lisboa, 6 de janeiro de 2013.

JORGE BACELAR GOUVEIA
Coordenador do Colóquio "A Crise e o Direito"
Professor Catedrático da Faculdade de Direito
da Universidade Nova de Lisboa

A CRISE E O DIREITO

Faculdade de Direito da Universidade Nova de Lisboa

Lisboa, 22 de maio de 2012, Anfiteatro A

PROGRAMA DO COLÓQUIO

10.00 – Sessão de Abertura

- Professor Doutor Jorge Bacelar Gouveia, Coordenador do Colóquio, Professor Catedrático da Faculdade de Direito da Universidade Nova de Lisboa e Presidente do Instituto de Direito Público
- Professor Doutor Rui Pinto Duarte, Presidente do Conselho Científico e Professor Catedrático da Faculdade de Direito da Universidade Nova de Lisboa
- Conferência de Abertura: "Direito, Argumentação e Crise" – Professor Doutor António Manuel Hespanha, Professor Catedrático Jubilado da Faculdade de Direito da Universidade Nova de Lisboa

10.30 – 1.° Painel: "A Crise, o Direito e Poder"

- Moderador: Professor Doutor Rui Pinto Duarte, Professor Catedrático da Faculdade de Direito da Universidade Nova de Lisboa
- "Endividamento e soberania financeira" – Professor Doutor Eduardo Paz Ferreira, Professor Catedrático da Faculdade de Direito da Universidade de Lisboa
- "A crise nas fronteiras (dos Estados-Membros) da União Europeia: causas e soluções" – Professor Dou-

tor Nuno Piçarra, Professor Associado da Faculdade de Direito da Universidade Nova de Lisboa
- "Da Constituição da Crise à Crise da Constituição?" – Professor Doutor Jorge Bacelar Gouveia, Professor Catedrático da Faculdade de Direito da Universidade Nova de Lisboa
- "A Crise: um novo Direito Administrativo?" – Professor Doutor Paulo Otero, Professor Catedrático da Faculdade de Direito da Universidade de Lisboa
- Debate

13.00/15.00 – Intervalo para almoço

15.00 – 2.º Painel: "A Crise, o Direito e a Economia"
- Moderador: Professor Doutor José Lebre de Freitas, Professor Catedrático Jubilado da Faculdade de Direito da Universidade Nova de Lisboa
- "Crise do Direito do Consumo" – Professor Doutor Carlos Ferreira de Almeida, Professor Catedrático Jubilado da Faculdade de Direito da Universidade Nova de Lisboa
- "Incumprimento Contratual e Insolvência" – Professor Doutor Vítor Pereira das Neves, Professor Auxiliar da Faculdade de Direito da Universidade Nova de Lisboa
- "Incumprimento Contratual e os Seguros" – Professora Doutora Margarida Lima Rego, Professora Auxiliar da Faculdade de Direito da Universidade Nova de Lisboa
- Debate

16.45/17.00 – Intervalo para café

17.00 – 3.º Painel: "A Crise, o Direito e a Sociedade"

- Moderador: Professor Doutor Jorge Bacelar Gouveia, Professor Catedrático da Faculdade de Direito da Universidade Nova de Lisboa
- "Fim do Direito do Trabalho?" – Professor Doutor José João Abrantes, Professor Associado da Faculdade de Direito da Universidade Nova de Lisboa
- "Direitos Adquiridos e Segurança Social" – Professora Doutora Nazaré Costa Cabral, Professora Auxiliar da Faculdade de Direito da Universidade de Lisboa
- "Economia, Direito e Exclusão Social" – Professor Doutor António Garcia Pereira, Professor Auxiliar do Instituto Superior de Economia e Gestão da Universidade Técnica de Lisboa
- Debate

18.30 – Sessão de Encerramento

- Conferência de encerramento: "O Direito em crise" – Professor Doutor Diogo Freitas do Amaral, Professor Catedrático Jubilado da Faculdade de Direito da Universidade Nova de Lisboa
- Professor Doutor Jorge Bacelar Gouveia, Coordenador do Colóquio, Professor Catedrático da Faculdade de Direito da Universidade Nova de Lisboa e Presidente do Instituto de Direito Público
- Professora Doutora Helena Pereira de Melo, Subdiretora e Professora Auxiliar da Faculdade de Direito da Universidade Nova de Lisboa

– Professor Doutor António Bensabat Rendas, Magnífico Reitor da Universidade Nova de Lisboa

Organização: FDUNL – Faculdade de Direito da Universidade Nova de Lisboa (www.fd.unl.pt); CEDIS – Centro de Investigação & Desenvolvimento em Direito da Faculdade de Direito da Universidade Nova de Lisboa (www.cedis.fd.unl.pt); IDP – Instituto de Direito Público (www.idireitopublico.com)

Local: Auditório A da Faculdade de Direito da Universidade Nova de Lisboa: Campus de Campolide, 1099-032 Lisboa; + 351 213 847 400

Coordenação Científica: Prof. Doutor Jorge Bacelar Gouveia (presidente@idireitopublico.com; jbg@fd.unl.pt)

Entrada: livre, mediante inscrição *online*, até 21 de maio de 2012, ao cuidado da Dr.ª Isabel Falcão: ifalcao@fd.unl.pt

SESSÃO DE ABERTURA*

JORGE BACELAR GOUVEIA**

1. Muito bom dia a todos. Sejam bem-vindos à Faculdade de Direito da Universidade Nova de Lisboa, a fim de participar neste colóquio, que agora tem início, sobre "A Crise e o Direito".

Este colóquio é organizado pela Faculdade, que nos acolhe neste momento, e o meu agradecimento vai para os colegas do Conselho Científico e para a Direção da Faculdade, que viabilizaram esta iniciativa. Mas esta iniciativa é também coorganizada por duas instituições a que, por coincidência, neste momento presido: o Instituto de Direito Público – uma associação de juristas de Direito Público – e o CEDIS – de que foi primeiro presidente o Professor António Hespanha, que temos hoje também connosco.

Permitam-me igualmente cumprimentar todos os presentes, em particular as autoridades e o Senhor Presidente

---

* Texto-síntese retirado da gravação da intervenção oral efetuada na Sessão de Abertura do Colóquio "A Crise e o Direito". A intervenção, à qual foram acrescentadas algumas notas de rodapé e feitas algumas adaptações na passagem do discurso oral ao discurso escrito, pode ser visionada em http://www.jorgebacelargouveia.com/22052012-qda-constituicao-da-crise-a-crise-da-constituicaoq.html

** Professor Catedrático da Faculdade de Direito da Universidade Nova de Lisboa e da Universidade Autónoma de Lisboa. Advogado e Jurisconsulto. E-mail: jbg@fd.unl.pt; www.jorgebacelargouveia.com

do Supremo Tribunal Administrativo, que nos dá a honra de aqui estar: muito obrigado, Senhor Presidente, pela sua presença, e muito obrigado aos demais convidados. São todos muito bem-vindos.

Apenas algumas palavras de circunstância, neste momento.

2. A primeira palavra é de agradecimento: obviamente, agradecimento aos intervenientes durante todo este dia e agradecimento também aos moderadores, ao Professor Rui Pinto Duarte nesta Sessão de Abertura na qualidade de Presidente do Conselho Científico e como moderador do primeiro painel, que vai ter lugar já a seguir.

Permitam-me deixar aqui alguns agradecimentos a algumas funcionárias desta Faculdade, Dr.ª Isabel Falcão, Dr.ª Daniela Mirante e Dr.ª Fernanda Xavier, que colaboraram intensamente na organização rápida e eficaz do colóquio.

Uma palavra especial de agradecimento a três professores. Por coincidência até três professores que já não estão no exercício ativo das suas funções, mas três pessoas que foram muito importantes na preparação deste colóquio, o qual foi estruturado de um modo rápido.

O primeiro deles fará a conferência de abertura. Tudo começou com uma sugestão do Professor António Hespanha de fazer um colóquio sobre a Crise e o Direito. Muito boa sugestão, senhor Professor, e muito obrigado. Aqui está o resultado, penso que feliz, dessa sugestão.

Do mesmo modo conversei muito com o Professor Diogo Freitas do Amaral, que fará a conferência de encerramento, e com o Professor Carlos Ferreira de Almeida, que me ajudou muito na parte da relação da Crise com o Direito, a Economia e a Sociedade.

3. Ainda antes de terminar, uma palavra de satisfação por este colóquio. Penso que é um colóquio pioneiro em Portugal, relacionar a Crise com o Direito, saber até que ponto a crise tem um impacto no Direito que nos rege.

E é um colóquio, além do mais, global. Não é apenas um colóquio sobre a Crise e o Direito Constitucional, matéria em que eu tenho falado, talvez com demasiada abundância, ou aspetos do Direito Financeiro. É uma tentativa de apresentar um quadro geral sobre a repercussão da crise nos vários ramos do Direito, quer do Direito Público, quer do Direito Privado.

Julgo que esta Faculdade e as instituições que coorganizam este colóquio têm em seu crédito este pioneirismo.

Mas não é só este pioneirismo que eu gostaria neste momento de frisar, é a ideia de que há aqui uma pluralidade de perspetivas.

Perspetivas ideológicas, porque cada um falará livremente: este colóquio não está pré-orientado para dizer mal da crise ou para dizer bem da crise. Cada um falará como entender sobre os reflexos que a crise tem no modo de conceber e de aplicar o Direito, isso fica já claro. Quando convidei as pessoas não lhes pedi nenhum discurso encomendado, pedi apenas que refletissem livremente, de acordo com a sua consciência, sobre o tema em relação ao qual fiz esse convite.

Também há uma pluralidade de perspetivas, não só ideológicas, mas de análise deste tema. Análises dogmáticas, análises mais teoréticas, tudo será livremente discutido e trabalhado pelos diversos intervenientes. Não há propriamente uma orientação metodológica específica mas, antes, abordagens que podem extravasar do campo estrito do jurídico. Creio que essa é uma abordagem multidisciplinar que favorece o êxito desta nossa reflexão.

4. E, por fim, também uma palavra de desejo, ou de voto para que no futuro, claro, possamos sair desta crise. Embora nós gostemos muito de estar uns com os outros, oxalá não estivéssemos hoje aqui reunidos por esta causa, por este motivo da crise. Desejo que esta crise seja rápida e passageira e que possamos, em breve, libertar-nos daquilo que esta crise vai provocar, ao nível do Direito, e todas as suas repercussões, que todos nós sentimos já no nosso dia-a-dia, tanto no Direito Público, como no Direito Privado, para além da crise que atinge outras áreas.

Julgo que o Direito tem sempre uma força normativa própria e é também reflexo de uma axiologia. Enfim, uns serão mais estritos nisso, outros talvez mais relativistas. Como quer que seja, o Direito nunca pode deixar de ser uma força diretiva da sociedade e dos interesses coletivos. E formulo o desejo de que o Direito possa manter essa força normativa e transformadora da sociedade, de acordo com os seus valores e os seus princípios e não seja apenas a consequência de uma crise comandada por outros, com valores que não são os valores defendidos pelo Direito.

E espero que, depois da reflexão de hoje, possamos ganhar mais luz para entender a importância de aplicar e defender os valores do Direito, contra outras legitimidades relapsas, escondidas, disfarçadas, que podem levar à destruição de uma ideia de Direito Justo.

Penso que nós os juristas – e os cidadãos em geral – nos devemos preocupar sempre e continuar sempre essa luta por um Direito Justo.

Muito obrigado.

A REVOLUÇÃO NEOLIBERAL E A SUBVERSÃO DO "MODELO JURÍDICO": CRISE, DIREITO E ARGUMENTAÇÃO JURÍDICA*

António Manuel Hespanha**

Resumo: Causada pelo desmantelamento da moldura normativa – jurídica ou não jurídica – da atividade económica (particularmente, financeira), a "crise" económica do "mundo ocidental" tem vindo a ser tratada com uma panóplia de medidas inspirada na mesma filosofia social neoliberal que esteve na sua origem. A precarização das situações jurídicas acelerou-se, ainda, pela invocação do caráter apocalíptico da crise, cuja magnitude e iminência justificariam um estado social e político "de necessidade" que autorizaria a suspensão ou cancelamento dos direitos, a inobservância das "formalidades", a subalternização de regras bem estabelecidas do viver político como, internamente, os processos democráticos e, externamente, o respeito pelos tratados. Com isto, é o "modelo jurídico" de decisão, caracterizado pelos seus garantismo e formalismo (*due processo of law*), que está basicamente em causa. Não se toma partido sobre se isso se justifica ou não – desde logo, porque o texto tem intenções descritivas, e não normativas. Mas salienta-se que a substituição da "justiça"

* Este texto serviu de base à intervenção oral realizada no Colóquio "A Crise e o Direito", que pode ser visionada em: http://www.youtube.com/watch?v=O0lc-8oKCPs&feature=plcp

** Professor Catedrático Jubilado da Faculdade de Direito da Universidade Nova de Lisboa. E-mail: amh@netcabo.pt

pela "oportunidade" é dificilmente legitimável – por cair na arbitrariedade, uma categoria "natural" do governo político, no nosso modelo civilizacional – se não valer em todos os planos e para todos os grupos e pessoas.

Em 31 de janeiro de 2011, celebrou-se em Lisboa a cerimónia de abertura solene do ano judiciário. Foi, como de costume, uma cerimónia formal e pouco interessante. Um pouco surpreendentemente, suscitou, porém, nos comentaristas e nos meios de comunicação social, uma reação negativa que, pouco a pouco, se foi concentrando no discurso do Presidente do Supremo Tribunal de Justiça. O que nele causava escândalo era o aviso das consequências negativas de um ataque aos direitos adquiridos dos trabalhadores, dos reformados e dos beneficiários de prestações sociais do Estado, ataque que vinha constituindo um tema central dos defensores de uma política radical de austeridade. Na sua alocução, o Conselheiro Presidente chamava atenção, basicamente, para duas coisas. Primeiro, para o facto de que a estabilidade social e a confiança dependem de se continuar a proteger situações juridicamente estabilizadas. Depois, para a ideia de que direitos subjetivos há muitos mais do que os direitos aos salários e às prestações sociais, pelo que abrir essa "caixa de Pandora" coloca também em cheque outras situações, sendo bastante claro que se referia sobretudo às dos que firmaram com o Estado contratos de obras públicas, de concessão ou de parceria, de financiamento, etc..

I. O Processo Revolucionário em Curso

Foi, justamente, essa referência à generalidade da categoria de direitos adquiridos que desagradou aos fundamentalistas da austeridade, que, aparentemente, se veem como heróis de uma revolução social que reconstruiria a pátria sobre os destroços de privilégios corporativos e de situações de favor injustamente adquiridas à custa dos contribuintes e das novas gerações. Na verdade, trata-se de um tópico importado dos discursos revolucionários radicais dos anos setenta, quando – diga-se de passagem – alguns destes fundamentalistas da austeridade militavam em partidos da esquerda radical (marxistas-leninistas). O que mudou, entretanto, foi a composição tanto dos grupos dos explorados como a dos exploradores. Contribuintes e jovens substituíram "operários e camponeses" e "trabalhadores"; beneficiários de prestações sociais do Estado (reformas, pensões, subsídios de desemprego, serviços de saúde e de educação) ocuparam o lugar dos "burgueses" e "capitalistas".

Neste quadro revolucionário e redentor, o direito e os direitos representam a forma que garante as situações ilegítimas. Por isso, a sua destruição pelo reformismo estrutural e radical constituiria a tarefa de refundação da sociedade, superando a crise e restaurando um modelo natural e justo de relações sociais. Trata-se de "partir de novo", restaurando o homem primordial, desafiado pela necessidade e precariedade natural da sua existência, dependente apenas de si e empreendedor, para quem a adversidade e a necessidade constituem oportunidades de realização e de desenvolvimento. Nada de novo no pensamento revolucionário, em que as utopias de regeneração do homem são habituais e em que o direito e os juristas aparecem como os baluartes do conservadorismo, por oposição à política e aos "comissários"[1] como protagonistas da mudança e da construção de uma sociedade originária, sem direitos adquiridos e sem direitos a adquirir, formada por construtores quotidianos do seu futuro, audazes e dinâmicos. Este otimismo revolucionário, que exalta o empreendedorismo como a mais nobre qualidade do homem, casa-se bem com o pessimismo antropológico que vê no homem um ser decaído e corrupto, cuja redenção assenta no sofrimento e na sua superação pelo estoicismo e pelo trabalho, um tema de que Max Weber se ocupou no seu estudo sobre as raízes religiosas do capitalismo e que foi hoje retomado por algumas correntes do integrismo cristão.

Esta animosidade contra o direito e o seu garantismo manifesta-se também noutros tópicos que têm sido bastante correntes em Portugal nos últimos anos. Por exemplo, na questão do tratamento a dar a escutas de altos cargos políticos, a solução garantista prevista na lei – e protagonizada, também, pelo Presidente do STJ – deveria ceder perante as exigências de um julgamento público, sendo com base nisto que se arrastou um longo conflito no âmbito do próprio poder judicial, com momentos de inegável desrespeito pelo direito. E, como se verá, o tópico de que a situação política justifica a não observância do direito – das suas "formalidades" – foi-se instalando paulatinamente, pondo em causa as próprias

---

[1] Cf. Arthur Koestler, *The Yogi and the Comissar*, 1945.

exigências de forma prescritas na constituição, ou as garantias nela fixadas.

Só que, ainda de acordo com uma lógica revolucionária, nem todo o direito e nem todos os direitos seriam "lixo corporativo". Não o seriam, nomeadamente, os direitos dos contribuintes, que, em nome da sua contribuição, estariam legitimados para exigir do Estado, não apenas o fim dos gastos supérfluos (das "gorduras") do Estado, mas também o cancelamento ou redução das despesas com as prestações sociais. Não o seriam, depois, os novos proletários, jovens e pessoas em busca de (primeiro) emprego, que, em nome de uma solidariedade intergeracional, esperam que os mais velhos e os empregados sejam expropriados dos seus "direitos adquiridos" para poderem adquirir para eles esse espólio. Finalmente, não seriam "corporativos" os direitos dos credores do Estado ou, mais em geral, os direitos protegidos pelas "leis do mercado". Pelo contrário, estes direitos devem ser protegidos como "naturais" ou "sagrados" (*the sanctity of contracts*)[2], desencadeando a sua violação, auto-

[2] Cf. o desenvolvimento dos argumentos clássicos em http://socialsciences.exeter.ac.uk/media/universityofexeter/schoolofhumanitiesandsocialsciences/law/pdfs/The%20Scanctity%20of%20Contracts%20in%20English%20Law.pdf; o argumento da "santidade dos contratos" (o caráter sagrado da *promise to pay*) tem tido um extensíssimo, mas seletivo, domínio de aplicação – acordos de "salvação financeira", contratos de concessão pelo Estado, contratos de hipotecas de compradores de casas (perante a ameaça de redução forçada, *cramdown*), etc. –, reforçando o formalismo negocial e excluindo a invocação de figuras tradicionais do direito dos contratos, como a impossibilidade superveniente, a alteração das circunstâncias, a boa-fé, e mesmo alguns vícios de vontade. Como tem tido um domínio de não aplicação – as situações contratuais ou paracontratuais a que o Estado se obrigou no domínio das prestações sociais.

maticamente, sanções duríssimas, de acordo com uma ordem jurídica que escapa ao controlo do Estado e se impõe a este, amparada por jurisdições não estaduais, como os tribunais arbitrais, o Tribunal de Justiça da União Europeia e outras instâncias jurisdicionais, formais ou informais, ligadas ao mundo dos negócios. A sanção para o descaso destas regras de direito natural proviria também dos mecanismos naturais e automáticos da economia: o crédito externo desapareceria, a quebra da confiança dos investidores aniquilaria o investimento, os capitais fugiriam, as retaliações dos mercados multiplicar-se-iam.

Estes raciocínios estão cheios de inconsistências. A maioria dos contribuintes são também credores de prestações salariais ou sociais do Estado, pelo que o que beneficiam com uma baixa de impostos à custa de salários e de subsídios do Estado perdem-no com a redução destes últimos. Muitos dos desempregados são-no por não se terem respeitado os seus direitos de (ex-)empregados, pelo que o enfraquecimento dos direitos dos empregados gera, justamente, desemprego, como os dados empíricos continuamente têm mostrado. Os efeitos sistémicos e forçosos do descaso dos direitos dos intervenientes no "mercado" (credores internacionais, agentes financeiros, empresas) existem também na debilitação ou cancelamento dos direitos de trabalhadores e reformados: desemprego, empobrecimento, queda do consumo interno, queda da procura, recessão económica, queda das receitas fiscais. Estas inconsistências revelam-se já como factos observáveis.

Os contribuintes que ganham com esta revolução são aqueles que pagam mais impostos e que recebem menos prestações salariais ou sociais do Estado (os mais ricos); os que perdem são os que pagam menos impostos e que recebem mais prestações (os mais pobres). Ao mesmo tempo, ganham os jovens em busca de primeiro emprego, à custa dos mais velhos, dos empregados, dos desempregados ou dos pensionistas. Ou seja, o modelo assenta sobre uma escolha política de um certo rearranjo da sociedade e do poder e não sobre um equilíbrio natural dos grupos sociais. Com esta escolha, pode-se concordar ou não. Seja como for, é preciso ter presente que se trata de uma escolha, com uma consequente repartição social das vantagens e dos custos, e não de uma opção sem alternativas, natural, e socialmente neutra.

O discurso de ataque aos "direitos adquiridos" tem sido protagonizado por arautos e corifeus do novo liberalismo[3], muitos deles pouco conscientes das dificuldades deste tema, nomeadamente para os juristas. Apesar disto, a denúncia de direitos adquiridos como privilégios corporativos aparece também em intervenções de juristas. É o caso de alguém tão creditado como Vital Moreira, nomeadamente em textos de intervenção publicados no seu blog *Causa Nossa*[4]. Em geral, a sua tese é a de que a garantia dos

---

[3] Uma boa amostra é, no fundo e na forma (radical, sentenciosa, pretensiosa), é o artigo de José Manuel Fernandes comentando o discurso do Presidente do STJ, "Os «direitos adquiridos» dos «cavaquistas anónimos»" (Público, 3.2.2012, em J:\07AMH1\01 Artigos\02 Direito\Direito e crise\Fernandes, José Manuel Fernandes, "Os direitos adquiridos dos cavaquistas anónimos" (= Facebook_php.mht ou http://blasfemias.net/?s=cavaquistas+an%C3%B3nimos&searchsubmit=Procurar).

[4] V.g., http://causa-nossa.blogspot.pt/2004/09/nem-tudo-so-direitos-adquiridos.html (26-06-2012).

direitos adquiridos tem sempre que ser proporcional a outros valores constitucionalmente garantidos, não podendo, por maioria de razão, ser esgrimida no caso de impossibilidade fáctica de satisfazer tais direitos, nomeadamente quando se verifica a falta de meios financeiros. Adiante se voltará a este tema da "impossibilidade" relativa à satisfação de direitos.

II. A Revolução Neoliberal

A revolução que subjaz a este modelo político de cancelamento seletivo dos direitos adquiridos é a revolução liberal, tal como tem sido proposta desde os anos Reagan-Tatcher pelos defensores de um híperliberalismo ou neoliberalismo. Esta qualificação do liberalismo (como hiper- ou neo-) é necessária para perceber o que ela tem de novo face ao liberalismo clássico. No séc. XIX e no séc. XX anterior à ideia de Estado Social, predominou um liberalismo apesar de tudo bastante regulado. Contava, por um lado, com uma importante regulação estadual, já que o mercado necessitava de uma moldura regulativa externa que garantisse certos valores estratégicos: a propriedade, a verdade e transparência, a confiança e a igualdade. O Estado garantia estes valores ao exigir a publicidade dos atos negociais e o registo comercial, ao proibir a publicidade enganosa, a fraude e a contrafação, ao regular a falência, punindo pesadamente a fraudulenta, ao dificultar o falseamento do mercado por práticas monopolistas. Complementarmente, no mundo dos negócios vigoravam códigos deontológicos bastante estritos, uns correspondentes à ética liberal, outros espelhando uma ética profissional ainda mais antiga, orientada por valores de honorabilidade e de responsabilidade[5]. Em relação a este liberalismo clássico, o neoliberalismo caracterizou-se por propor uma desregulação muito mais radical, atingindo tanto a regulação estadual como outros níveis de autorregulação. Realmente, o último liberalismo acredita radicalmente num jogo do mercado liberto de todos os constrangimentos exigidos pelo interesse público, pelos interesses comuns dos agentes do mercado ou mesmo pelos interesses não imediatos de cada um dos agentes. Assim, os mercados não teriam que responder nem perante a comunidade em geral, nem perante a comunidade dos negócios, nem mesmo pelos interesses mais estratégicos dos próprios agentes. Num mercado volátil, em contínuo e rápido movimento, os objetivos são as vantagens a curto prazo, já que o médio e longo prazo se tornam imprevisíveis e, por isso, aleatórios. Isto quer dizer que a regra passa a ser exploração ilimitada da conjuntura, maximizando as suas vantagens para cada um dos agentes e exonerando-o das responsabilidades para com os outros. É isto que autoriza a comparação do mercado com um jogo de azar, em que o risco e indeterminação dos lances futuros é tal que só interessa o ganho egoísta e imediato na presente jogada. Nem interessa a ponderação do mediato ou metaconjuntural, como nos jogos de "estratégia", nem se punem demasiadamente os lances ilegais ou imorais (como, por exemplo, a criação de realida-

[5] Cf., por exemplo, Thomas Mann, *Buddenbrooks. Verfall einer Familie*, 1901.

des ficcionais e enganosas[6], uso da pressão ilegítima, da fraude, da corrupção[7]). A este padrão de liberalismo – em que o modelo de negócio se assemelha progressivamente ao do mais permissivo cenário de jogos de azar – se tem aplicado a designação "economia de casino", cunhada por duas prestigiadas economistas[8], e que tem feito curso.

O modelo económico neoliberal tem muitos pontos de contacto com a mundividência neoliberal. Em geral, uma das vertentes desta é um relativismo absoluto de valores, tanto no plano gnosiológico, como no plano axiológico: não há valores absolutos e, mesmo que houvesse, não se poderiam conhecer. Mas mais ainda. Se o relativismo se pode compatibilizar com a existência de regras estabelecidas pela comunicação intersubjetiva (contrato, códigos comunicativos estabelecidos), o neomodernismo realça a ideia de uma contínua transformação, progressiva diferenciação e contextualização desses códigos. À arbitrariedade

---

[6] O Banco de Pagamentos Internacional (BIS), a criação de "realidade" económica ficcional (produtos "derivados", *over the counter*) atinge cerca de 16 vezes o produto mundial (PIB), sendo o crescimento do setor financeiro ainda agora exponencial em relação à "economia real" (v. http://www.bis.org/publ/arpdf/ar2011e0.pdf).

[7] Em vários países, as leis anticorrupção estão a ser postas em causa, em nome da liberdade de ação no mercado. Um bom exemplo é o dos EUA.

[8] Jane d'Arista, *The Evolution of U.S. Finance: Federal Reserve monetary policy, 1915-1935* (vol. II: *The Evolution of U.S. Finance: Volume II: Restructuring Institutions and Markets*), New York, M. E. Sharpe, 1994; entrevista em (http://www.youtube.com/watch?v=PNbgvyb0o-I); Susan Strange, *Casino capitalism*, Basil Blackwell, 1986; Manchester, Manchester University Press, 1997.

do sentido junta-se agora a sua contínua "localização" e, por isso, o seu caráter estruturalmente singular. Há uma grande homologia entre este caráter conjuntural e efémero do sentido e a mobilidade do valor das coisas e das regras de transação no mercado. O novo mercado não está regulado por qualquer estrutura normativa transcendente às próprias transações. A regra de cada transação é imanente, decorre do seu próprio microcontexto. Por isso, o neoliberalismo deveria ser sempre libertário e adversário de valores permanentes. Mas nem sempre é assim. Muitos neoliberais continuam a achar que as posições decorrentes do mercado devem ser respeitadas e que essa obrigação de as respeitar decorre da necessidade natural de respeitar as "leis do mercado". Também no plano moral demonstram frequentemente uma crença nos valores que correspondem ao espírito do agente no mercado (empreendedorismo, como combinação de iniciativa, aceitação do risco, determinação, assertivismo), um espírito próprio da *bourgeoise conquérante* (Charles Morazé, 1957).

III. Neoliberalismo e Direito

Do ponto de vista do direito, o estado do mundo dos negócios, que está na origem da crise iniciada em 2008, pode caracterizar-se pelos seguintes traços:

- desregulação legislativa;
- ênfase na exclusiva regulação dos negócios pelas regras praticadas no mundo dos negócios;
- ênfase na ilimitada liberdade negocial;

- ênfase na resolução dos conflitos apenas pelos diretamente interessados, nomeadamente por meio da arbitragem, disponível e desregulada;
- desconsideração dos interesses de natureza comunitária (nomeadamente, dos trabalhadores, dos consumidores, da massa dos contribuintes e do ambiente);
- tendencial desconsideração dos interesses gerais dos acionistas em favor dos interesses dos gestores e dos acionistas hegemónicos;
- desvalorização da publicidade e transparência das operações, relativamente ao Estado, ao público em geral, aos destinatários dos negócios e à massa dos acionistas;
- uso intensivo de meios jurídicos para tornar os negócios opacos e "seguros" ("blindados", inatacáveis pelos princípios jurídicos que ratificam as boas práticas);
- uso intensivo de meios jurídicos para garantir em absoluto os direitos dos agentes (contra o interesse público, contra as expetativas dos destinatários, contra a arguição de abuso de direito, dolo ou fraude, contra as cláusulas gerais que protegem a ética dos negócios).

No plano da regulação estadual, a primeira década do século XXI prolonga a tendência que já vinha de trás para a chamada "retirada do Estado da economia". Projetada sobre a relação entre Estado e sociedade, exigirá também uma redução ao mínimo das funções sociais do Estado (Estado mínimo, emagrecimento do Estado), reduzidas à manutenção da ordem externa e interna, mesmo estas suscetíveis de ser confiadas à iniciativa privada[9].

Isto deveu-se a conjunturas políticas liberais, tanto nos EUA como na Europa, bem como ao refluxo das ideias reguladoras e intervencionistas provocado pela queda do "muro de Berlim" e a consequente crise das ideias de socialismo, de planificação e de regulação estadual. Mas relaciona-se também com a hegemonia de uma ideologia de recuo da normação e da justiça do Estado, na qual a cultura jurídica hegemónica desempenhou um papel importante.

Na verdade, a cultura jurídica contemporânea vem adotando modelos de regulação que enfatizam os alegados artificialismo e inconvenientes da regulação social e económica pelo Estado. Embora com fundamentos teóricos diferentes, tem-se gerado entre os juristas um largo consenso em torno da ideia de que a normação do Estado é inadequada à complexidade e globalização das sociedades contemporâneas e, por isso, ineficaz ou injusta. A ela se contraporia a regulação espontânea gerada pelo próprio funcionamento dos setores mais dinâmicos e competitivos da economia, regulação que seria eficaz, justa e libertadora da sociedade civil. Este modelo adequava-se aos programas políticos dos governos liberais, mas influenciaram

---

[9] A entrega a privados de tarefas militares foi corrente na guerra do Iraque; no plano interno, fala-se na privatização das prisões e recorre-se frequentemente a *outsourcing* nas missões de segurança. A elaboração legislativa é cada vez mais encomendada a escritórios de advogados, o mesmo acontecendo com o aconselhamento jurídico do Estado e com a defesa judicial dos interesses públicos.

muito, também, as chamadas "terceiras vias" dos governos sociais democratas, trabalhistas e liberais. Nas vésperas da crise de 2008, a generalidade dos países europeus e americanos seguiam políticas do Direito avessas à expansão da regulação do Estado e apostando em formas cada vez mais soltas de autorregulação.

O papel dos juristas na difusão planetária destes modelos está muito bem estudado, por exemplo para a América Latina[10]. Mas esta influência notou-se também na tibieza com que a administração pública aplicou alguma legislação dos inícios do novo século que visava sujeitar a um controlo mais apertado práticas financeiras, contabilísticas e fiscais lesivas do interesse público (nomeadamente, fraude evasão fiscal), da verdade contabilística e da transparência dos produtos financeiros, como, nos EUA, o *Financial Institutions Reform, Recovery, and Enforcement Act*, de 1989 (*FIRREA*), que colocava sob custódia mais apertada

---

[10] V. Terence Halliday & Lucien Karpik (ed.), *Lawyers and the Rise of Western Political Liberalism: Europe and North America from the Eighteenth to Twentieth Centuries*, Oxford, Oxford University Press, 1998; Yves Dezalay, & Bryant Garth, *The Internationalization of Palace Wars. Lawyers, Economists, and the Contest to Transform Latin American States*, Chicago Series in Law and Society, 2002; Id & Id., *Global prescritions: the production, exportation, and importation of a new legal* orthosodxy, Ann Harbor, The Michigan University Press, 2002; Yves Dezalay, *Marchants du droit: la restructuration de l'ordre juridique internationale par les multinationales du droit*, Paris, Fayard, 1992; Yves Dezalay & Bryant G. Garth, *Dealing in Virtue: International Commercial Arbitration and the Construction of a Transnational Legal Order*, Chicago, University of Chicago Press, 1996; Yves Dezalay & Alain Bancaud, "Des 'grands prêtres' du droit au marché de l'expertise juridique: Transformations morphologiques et recomposition du champ des producteurs de doctrine en droit des affaires", *Revue de Politique et Management Public*, 12.2 (1994).

o mercado de crédito, ou o *Sarbanes-Oxley Act*, de 2002, também conhecido como *Public Company Accounting Reform and Investor Protection Act* ou *Corporate and Auditing Accountability and Responsibility Act*, que visava aumentar a transparência e verdade da contabilidade das empresas. Nos dois casos, a efetividade das medidas legislativas era muito baixa, ou porque a administração não perseguia os delitos nelas previstos, ou porque se tinha desenvolvido uma eficaz engenharia jurídica para evitar o sucesso da sua aplicação.

Igualmente muito importante tem sido a engenharia jurídica na elaboração de técnicas e figuras dogmáticas que permitem construir uma armadura jurídica de garantia de uma liberdade radical no mundo dos negócios; mas, mais do que isso, que dificultam a efetivação de medidas de controlo das práticas negociais, de responsabilização civil por condutas irresponsáveis, arriscadas e danosas (incluindo as que são arriscadas e danosas para os próprios acionistas) e de repressão penal de fraudes, burlas e outros crimes contra o património de terceiros. Num texto recente em que estuda os vários expedientes criados pelas firmas de consultoria jurídica para "securizar"[11] os produtos financeiros e para "legalizar" más práticas contabilísticas e comerciais[12], Doreen Mac Barnet (Edinburgo, Oxford), que investigou durante duas décadas o mundo da consultoria

[11] I.e., para os garantir contra as cláusulas legais de proteção de interesses gerais ou de terceiros, o controlo dos reguladores, as normas fiscais, as disposições de defesa da concorrência, etc..

[12] *Off-balance sheet financing* (OBSF), uso de *special purpose entities* (SPEs) ou *vehicles* (SPVs).

jurídica em matérias financeiras, fiscais e contabilísticas[13], concluiu que "a crise financeira demonstrou que a manipulação inteligente da lei e a fraude à regulação tiveram cursos devastadores, gerando uma consciência crescente da injustiça que representa o facto de aqueles que têm recursos para tal poderem escapar ao controlo da lei à custa dos que os não têm"[14].

IV. Neoliberalismo e "Modelo Jurídico"

O impacto do neoliberalismo manifesta-se também no plano, mais profundo, da função do "modelo jurídico" na regulação social. Por "modelo jurídico" entende-se aqui o conjunto de critérios, de procedimentos intelectuais e formais e de agentes convocados para legitimar e processar a regulação social. No "modelo jurídico", a regulação social é orientada pela proteção de certos interesses como direitos, dotados de garantias e de permanência, ou seja, como situações que não podem ser modificadas senão por atos tipificados pelo direito (*rule of law*), obedecendo a formalidades também fixadas pelo direito (*due processo of law*). Daí que toda a mobilidade das situações jurídicas se localize,

---

[13] V. "Financial Engineering or Legal Engineering? Legal Work, Legal Integrity and the Banking Crisis" (February 2, 2010). Iain MacNeil and Justin O'Brien, eds., *The future of financial regulation*, Oxford Hart, 2010; U. of Edinburgh School of Law Working Paper No. 2010/02. Disponível em http://ssrn.com/abstract=1546486 or http://dx.doi.org/10.2139/ssrn.1546486, [18.03.2012)

[14] Doreen Mac Barnett, "Financial engineering [...]", cit., p. 16.

ou no domínio das situações não garantidas como direitos (meras expectativas, interesses "nus"), ou como resultado de uma ponderação recíproca de direitos protegidos mas incompatíveis. Estes garantismo e formalismo fazem com que os juízos de mera oportunidade (utilitarismo) tenham uma legitimidade muito limitada no domínio do direito. A técnica intelectual (epistemológica) exigida é a ponderação – a que os antigos chamavam *quaestio* (*disputata*) – que se traduz numa avaliação recíproca da atendibilidade dos interesses protegidos em conflito, de modo a decidir, argumentadamente, num dos sentidos, ou num sentido que corresponda a uma "justa proporção" entre eles. A intervenção dos juristas legitima-se por ser um juízo de especialistas, neutral (geral, abstrato, adversarial), formalizado (envolvido em procedimentos formais que condicionam a eficácia jurídica), respeitador do *status quo* e das regras estabelecidas. Estes especialistas garantem, em nome de um interesse superior que os inspira (*sacerdotes iustitiae*), soluções prudentes e equilibradas, geradas por um modelo específico de cálculo (cálculo jurídico, cálculo de direitos).

Este modelo de regulação não corresponde, de modo algum, ao modelo de decisão económica que cultiva o dinamismo, a máxima exploração da oportunidade, o aproveitamento ágil de efémeros momentos favoráveis (as ditas "janelas de oportunidade"), a rentabilização de equilíbrios conjunturais propícios, tendo em vista a maximização das vantagens, sem consideração de outra coisa que não seja a análise dos benefícios e das vantagens próprios (trata-se de um modelo egoísta, não adversarial nem altruísta de cálculo). Num mundo organizado segundo esta lógica, o modelo de decisão mais adequado será, portanto, o oposto ao modelo jurídico. O "cálculo económico" era, originariamente, aquele que o chefe de família seguia ao dispor *livremente* das suas coisas para obter o mais vantajoso para a sua casa (*oikos+nomia*, *oeconomia*); como o mundo doméstico era "totalitário" e na casa não havia dualidade de interesses, o *paterfamilias* não tinha constrangimentos na prossecução dos interesses familiares. Daí que o "modelo económico" do cálculo não tenha que ponderar interesses adversos entre si, mas apenas que calcular os custos e benefícios dos atos de gestão do único interesse relevante. Também do ponto de vista de cada agente económico, pensando economicamente, não existem constrangimentos externos à prossecução dos seus interesses. A técnica intelectual é também a da análise custos-benefícios. E a questão do respeito dos direitos dos outros também decorre apenas de uma análise deste tipo, que ditará (ou não) a sua conveniência ou oportunidade, considerando interesses próprios mais longínquos e mediatos ("Não fazer aos outros aquilo que não quero que me façam a mim"; "Aquele que procura evitar danos prefere sobre o que pretende obter vantagens").

Qualquer que tenha sido a origem conjuntural do mercado desregulado, a partir dos anos 80 do séc. XX[15],

---

[15] Há quem o relacione com a perda de poder do capitalismo ligado à produção para o capitalismo financeiro; outros relacionam esta substituição de hegemonia com a entrada nos grandes negócios de grupos especulativos ou mesmo ligados a negócios ilegais (droga, armas, máfias). Cf. Yves Dezalay, "Professional competition and the social construction of transnational markets", em Yves Dezalay & David Sugerman, *Professional competition and Professional power. Lawyers, accountants and the social construction of markets*, London e New York, Routledge, 2005, p. 9.

o certo é que ele levou também a uma substituição de modelos de legitimação, saberes e técnicas de cálculo, comunidades epistémicas e grupos profissionais. Ao primado da economia estratégica, do empreendedorismo, da gestão do risco, da engenharia financeira e fiscal, correspondeu a ascensão de economistas, contabilistas gestores e, ao mesmo tempo, o declínio do direito, a não ser como saber ancilar dos anteriores, destinado a garantir contra legislação intervencionista ou contra adversários de negócio, a inventar técnicas de blindagem dos ganhos negociais, técnicas de desresponsabilização criminal e civil, técnicas de ocultamento de vícios negociais ou de riscos que onerem títulos. Por outro lado, o caráter global dos grandes negócios exigia saberes também globalizados, independentes das particularidades específicas de cada país. Também isto suportava mal o saber jurídico tradicional, muito vinculado, não apenas ao direito dos Estados nacionais, mas ainda a tradições doutrinais locais, bem como a fortes lealdades recíprocas entre as elites jurídicas e as elites políticas e económicas de cada país. Estas vinculações não são igualmente fortes em todo o lado; mas na Europa têm sido consideradas como particularmente resistentes[16]. Finalmente, tendo sido a regulação estadual enfraquecida e feita conviver com ordens normativas globais da atividade dos

---

[16] Cf. Yves Dezalay, "Professional competition and the social construction of transnational markets", em Yves Dezalay & David Sugerman, *Professional competition and Professional power. Lawyers, accountants and the social construction of markets*, London e NY, Routledge, 2005, p. 14; Vittorio Olgiatti, "Process and policy of legal professionalization in Europe. The deconstruction of a normative order", em em Yves Dezalay & David Sugerman, *Professional competition [...]*, pp. 170-204.

negócios (*lex mercatoria* ou mesmo *leges mercatoriae*), a nova regulação tornou-se estruturalmente mais indeterminada, porque aos problemas tradicionais da equivocidade das normas soma-se agora o problema suplementar da determinação de qual a ordem normativa que deve valer, de entre várias ordens normativas concorrentes[17].

Este complexo, mas coerente, cenário projeta-se sobre ao ambiente do saber técnico-jurídico e sobre o lugar social dos juristas.

Promove, em primeiro lugar, a hegemonia dos saberes empresariais sobre os saberes jurídicos no discurso sobre a regulação, agora concebida como dependente dos mecanismos autónomos dos mercados e não do mundo heterónomo do Estado e do direito. Esta hegemonia manifesta-se no plano da legitimação da regulação, no plano do tipo de argumentos do discurso sobre ela (utilidade vs. estabilidade) e no perfil profissional dos agentes de regulação. No plano ideológico-discursivo, gera aquilo que já foi referido como uma "dependência irreversível [da regulação] em relação aos mecanismos de gestão e de decisão da produção económica [...]. A prática profissional deixa de ser legitimada por referência aos princípios da equidade e da justiça. Em contrapartida, fica sujeita às exigências do cálculo, produção de resultados e da eficiência: todas típicas das transações económicas dirigidas ao lucro"[18]. No plano

---

[17] Cf. Vittorio Olgiatti, "Process and policy of legal professionalization in Europe. The deconstruction of a normative order", cit., pp. 181 segs.

[18] Cf. Vittorio Olgiatti, "Process and policy of legal professionalization in Europe. The deconstruction of a normative order", pp. 171 segs.

dos agentes profissionais, joga a favor das grandes firmas globalizadas de auditoria e consultoria contra o mundo das profissões jurídicas, mesmo quando estas tentam adotar uma organização também internacional, como fazem as grandes firmas internacionais de auditoria jurídica (*law firms*). Mesmo estas, nunca atingem o âmbito de intervenção, a escala e a "agilidade profissional"[19] das primeiras.

Em segundo lugar, esta hegemonia dos saberes relativos aos negócios (microeconomia, gestão, contabilidade) provoca uma recomposição da lógica da decisão jurídica sob a égide de estratégias discursivas organizadas em torno da lógica dos valores económicos da oportunidade ou da competitividade, oposta à lógica do modelo jurídico (estabilidade e intangibilidade dos direitos, formalismo). Trata-se de mais do que de uma desforra de Bentham sobre Kant, uma vez que o cálculo jurídico de Bentham continha ainda referências ao público que desaparecem do mundo dos negócios do neocapitalismo. Neste, o interesse supra-individual – a satisfação dos consumidores, a estabilidade social, etc. – constitui apenas um objetivo tático, um elemento "externo" (de contexto), que tem que ser considerado no âmbito do cálculo geral dos custos-benefícios. Agora, o que se dá é uma abertura do discurso jurídico a valores que pertenciam ao discurso da economia e da gestão – o interesse egoísta dos agentes, a eficiência na prossecução desse interesse, a lógica da oportunidade e da pro-

[19] I.e., a desvinculação deontológica, presas como tendem a estar aos resíduos publicistas das profissões jurídicas, agora que "a jurisdição profissional torna-se num simples mercado para prestação de um tipo determinado de serviço"; v. V. Olgiatti, "Process and policy [...]", p. 172.

dutividade[20] –, ao passo que são subalternizados valores de natureza "geral", "publicística"[21], que tinham dado aos profissionais do direito um tom de guardiões de algo mais (e mais elevado) do que interesses puramente privados, objeto de avaliações e cálculos funcionalizados a objetivos particulares (*judex non calculat, in corpore hominis liberi non fit aestimatio*). A perda desta dimensão "pública" do direito torna as profissões jurídicas em mais um simples negócio de prestação de serviços[22], que não merece quaisquer cautelas ou privilégios da parte do Estado, devendo acomodar-se, sem restrições, às leis do mercado. Esta política de combate aos privilégios das "pequenas repúblicas" caracterizou as políticas neoliberais de Margaret Tatcher e, agora, está muito visível no chamado "memorando da Troika"[23]. Para além de facilitar a dissolução das profissões

---

[20] Olgiatti, "Process and policy [...]", p. 182.

[21] Cf., enquadrando isto num modelo luhmanniano, Joseph McCahery and Sol Picciotto, "Creative lawering and the dynamics of business regulation", pp. 241 segs.

[22] "The rule of law has become a new rallying cry for global missionaries. "Money doctors" selling competing economic expertises continue to be very active on the global plane [...], but the 1990s have also witnessed a tremendous growth in "rule doctors" armed with their own competing prescriptions for legal reforms and new institutions at national and transnational levels", Bryan G. Garth & Yves Dezalay," Introduction", em Yves Dezalay and Bryant G. Garth (cords.), *Global Prescriptions: The Production, Exportation, and Importation of A New Legal Orthodoxy*, cit., p. 1.

[23] Por exemplo, estar aberto sem restrições à concorrência (mesmo de estrangeiros), não ter limites de acesso (por exemplo, provas ou tirocínios de admissão), admitir todas as práticas do mercado (v.g., a publicidade, a livre fixação dos preços). Mesmo o requisito de uma certa formação prévia fica abalado. Na verdade, são novidades destas que a

jurídicas no seio de outras elites profissionais[24], estas medidas espelham a dissolução do "modelo jurídico" em modelos que antes contrastavam abertamente com ele.

legislação neoliberal tende a impor às ordens profissionais dos juristas. V., para o Reino Unido, Michael Burrage, "Mrs Thatcher Against the 'Little Republics': Ideology, Precedents, and Reactions", em Terence C. Halliday & Lucien Karpik (eds.), *Lawyers and the rise of western political liberalism Europe and North America from the Eighteenth to Twentieth Centuries*, Oxford, Clarendon Press, 1997, pp. 125-166. Para Portugal, cf. os seguintes artigos do memoranda "da troika": "5.31. Eliminar as restrições à utilização de comunicações comerciais (publicidade), em profissões regulamentadas, como é exigido pela Directiva relativa aos serviços (3T 2011); 5.32. Rever e reduzir o número de profissões regulamentadas e, nomeadamente, eliminar as reservas de actividades sobre as profissões regulamentadas que já não se justificam. Adoptar a lei para as profissões não regulamentadas pelo Parlamento (3T 2011) e apresentar ao Parlamento a lei para aquelas que são regulamentados pelo Parlamento (3T 2011) para ser aprovada até (1T 2012). 5.33. Adotar medidas para liberalizar o acesso e exercício das profissões regulamentadas por profissionais qualificados e estabelecidos na União Europeia. Adoptar a lei para as profissões não regulamentadas pelo Parlamento (3T 2011) e apresentar ao Parlamento a lei para aquelas que são regulamentados pelo Parlamento (3T 2011) para ser aprovada até (1T 2012). 5.34. Continuar a melhorar o funcionamento do sector das profissões regulamentadas (tais como contabilistas, advogados, notários), realizando uma revisão abrangente dos requisitos que afetam o exercício da atividade e eliminar aqueles que não estão justificadas ou não são proporcionais. (4T 2011)". Sobre a política relativamente às ordens profissionais dos juristas, v. V. Olgiatti, "Process and policy [...]":a proibição no Tratado de Roma da globalização da advocacia estava ligada à sua implicação com o interesse público: arts. 59.°, 60.°, e 51.°, n.° 1.

[24] A isto corresponde também um decréscimo da presença dos juristas nos cumes administrativos dos setores público e privado. V. Y. Dezalay, "Professional competition and the social construction of transnational markets", cit., p. 15.

Em sentido aparentemente contrário joga a crescente indeterminação do Direito provocada por um novo quadro de fontes do direito neoliberal[25], pois o reconhecimento de direito não estatal acrescenta à equivocidade das normas a pluralidade das ordens normativas. Neste contexto, o poder de arbitrar os conflitos jurídicos ganha um maior impacto, porque a margem de incerteza do direito é maior. E, com isto, ganham poder as elites jurídicas que ocupam as instâncias jurisdicionais dos setores hegemónicos da economia. No entanto, isto não contradiz o que se disse antes. O decisivo é saber qual o modelo de decisão que estas elites vão seguir. E, como se disse, este modelo tende a deixar de ser o "modelo jurídico". Com isto, se é certo que as profissões jurídicas estão a ganhar um maior espaço de determinação da normação social, elas movem-se à sombra do "modelo económico", ou seja sob a égide da legitimação e da epistemologia de outros grupos profissionais[26].

Todos os anteriores fenómenos têm levado a uma recomposição dos equilíbrios internos da profissão jurídica. Primeiro, entre setores vinculados a práticas e jurisdições internacionais e outros vinculados a práticas e jurisdições nacionais, privilegiando os primeiros em relação aos segundos. Esta ascensão das elites profissionais globalizadas corresponde ao prestígio profissional crescente dos especialistas de direito da União Europeia, do direito dos grandes negócios globalizados, do direito da arbitragem. Esta acu-

---

[25] V. o meu *Caleidoscópio do direito. O direito e a justiça nos dias e no mundo de hoje*, Coimbra, Almedina, 2009, cap. 1.2.

[26] Boa análise em Joseph McCahery & Sol Picciotto, "Creative lawering and the dynamics of business regulation", cit., pp. 238-271.

mulação de prestígio – que corresponde, também, a uma oportunidade muito maior de fazer crescer os rendimentos profissionais[27] – não aproveita igualmente a todos os grupos das profissões jurídica. Não aproveita aos profissionais cuja formação, experiência, localização periférica (fora de Lisboa …), os impedem de participar na elite da "advocacia de negócios" – advogados de província, especialistas em setores tradicionais do direito (direito civil "clássico", direito criminal[28]), académicos "puros", juristas ao serviço do Estado (magistrados). Esta projeção desigual da atividade de elite das profissões jurídicas é visível, não apenas no seio da comunidade académica e na própria estratégia do ensino jurídico[29], mas também nas políticas profissionais

---

[27] Como é natural, não há muitos elementos empíricos disponíveis. Mas a oportunidade de negócio do direito globalizado – europeu, mas cada vez mais, brasileiro e angolano – é muito visível para quem frequenta as elites jurídicas académicas ou forenses. Entre os juristas académicos, gerou-se uma apetência visível pelo "direito lusófono" pouco explicável em termos meramente académicos, plano em que esta apetência não tem gerado um aumento significativo de produção teórica. O "direito lusófono" é um campo emergente de negócios jurídicos (pareceres, consultas, arbitragens), mais do que um campo teórico-dogmático emergente. Até porque, de alguma forma, um deserto dogmático (i.e., um campo dogmaticamente mais indeterminado) dá mais liberdade para o mercado de serviços de consultoria.

[28] A nova lei das ordens profissionais – abertura a profissionais estrangeiros. A concorrência internacional: o modelo europeu (Vittorio Olgiatti, "Process and policy of legal professionalization in Europe. The deconstruction of a normative order", pp. 182 segs.)

[29] Onde se nota uma tensão entre um perfil que privilegia as componentes académicas, o uso público do direito, o enraizamento democrático do direito, as perspetivas teóricas e críticas, e um outro que aposta

conflituais e nos despiques entre grupos de interesses na Ordem dos Advogados. A ascensão desta nova elite tende a ter uma expressão institucional, com o aparecimento de associações profissionais que poderão funcionar como manifestações orgânicas de uma prática jurídica ligada aos negócios; será o caso, em Portugal, da Associação Portuguesa de Arbitragem[30]. No plano académico, apontam para um perfil correspondente alguns cursos de pós-graduação no âmbito das Faculdades de Direito da Universidade Católica e da Universidade Nova de Lisboa[31]. Afas-

---

na aproximação da economia e da gestão, que valoriza a profissionalização, o enraizamento prático do direito, as parcerias entre as escolas e o meio dos advogados e da arbitragem (mas não tão ativamente com a magistratura pública). Ambos os perfis falam de internacionalização; mas trata-se de diferentes internacionalizações: a internacionalização pela reflexão teórica de uma *respublica academica* ou a internacionalização pela prática globalizada de uma *lex mercatoria*.

[30] Que se apresenta como a criação de "um grupo de destacados académicos, advogados e magistrados", visando "fomentar a arbitragem voluntária, interna e internacional, como método de resolução jurisdicional de litígios sobre direitos disponíveis, bem como promover a sua utilização em território nacional [...] uma alternativa viável a uma justiça estadual que não está em condições de assegurar a celeridade, a adequação e a previsibilidade reclamadas pela vida jurídica, em especial nas relações contratuais. O fomento da arbitragem voluntária assume assim a maior importância para aliviar a sobrecarga dos tribunais estaduais, proporcionar soluções mais justas e tempestivas para as controvérsias jurídicas e, por esta via, criar condições mais favoráveis para a retoma da economia" (http://arbitragem.pt/apa/index.php).

[31] Nomeadamente, o Mestrado em Direito e Gestão (que visa dar "as respostas adequadas à realidade da gestão da empresa e para uma interação eficaz com os gestores", formando especialistas para a advocacia de negócios e de empresa (em escritório e *in-house*), gabinetes jurídicos e

tados da nova elite profissional estão ainda os juristas vinculados aos pontos de vista estaduais, pela carreira ou por solidariedades grupais. O caso mais típico é o dos magistrados, frequentemente acusados pela nova elite de conservadorismo e de nacionalismo, confrontados com a concorrência (profissionalmente desmotivadora e simbolicamente corrosiva) da justiça arbitral[32] e com a perda progressiva do seu capital simbólico, muito dependente do caráter público das suas funções, cada vez mais cantonados a conflitos entre pessoas individuais[33]. Por um leque amplo de razões, mas também pelo facto de personificarem um direito estatal, garantista e formalista, os magistrados da justiça estadual são o exemplo fácil de um grupo corporativo, pouco dinâmico, bloqueador da revolução neoliberal. E, por isso, não é de estranhar que estejam a ser um alvo da animosidade dos neoliberais, ou instalados no poder

de regulação de autoridades reguladoras, assessoria à administração de empresas" (http://www.fd.lisboa.ucp.pt/site/custom/template/ucptplfac.asp?sspageID=3266&lang=1); o programa da Católica Global School of Law (http://www.fd.lisboa.ucp.pt/site/custom/template/ucptplfac.asp?sspageID=3293&lang=2); o Master in Law and Management (dirigido a juristas que desenvolvem "a sua actividade num contexto de profunda ligação aos meios económicos e empresariais, quer como advogados de empresa, quer como especialistas em sociedades de advogados; http://www.fd.unl.pt/Anexos/3241.pdf).

[32] Com menos impacto, o mesmo confronto entre funções jurídicas públicas e privadas deu-se nos notários, há uns anos, com a criação de um notariado privado, no qual nem todos podiam, na prática, ingressar.

[33] Que têm um recorte profissional e até psicológico diferente dos conflitos "corporativos"; cf. Joseph McCahery & Sol Picciotto, "Creative lawering and the dynamics of business regulation", cit., p. 241.

político, ou influenciando a discussão pública, ou mesmo dominando as novas elites jurídicas.

Concluindo. A ascensão do neoliberalismo afeta o direito a níveis muito profundo, com efeitos estruturais sobre a legitimação jurídica, a "racionalidade" do "modelo jurídico", a caraterização e lugar social das profissões jurídicas. Mas afeta ainda mais coisas.

V. Neoliberalismo e Direito Democrático

A crise económica e financeira tem-se transformado numa crise da democracia e do direito democrático.

No plano político-ideológico, a legitimação democrática tem manifestamente recuado face a uma legitimação tecnocrática. A bondade das decisões políticas tem deixado de se aferir pela sua correspondência com a vontade do povo expressa pelo sistema democrático, para ser progressivamente avaliada pela sua conformidade com a sua adequação financeira e económica, esta medida pela opinião dos tecnocratas ou pela reação dos mercados. A manifestação porventura mais chocante desta tendência foi o escândalo suscitado pela intenção do ex-primeiro-ministro grego G. Papandreou de submeter a referendo o segundo plano de resgate para a Grécia, como se essa decisão, decisiva para o futuro dos gregos, competisse mais aos analistas financeiros e aos políticos europeus do que às pessoas sobre as quais incidiriam os seus efeitos. Mais recentemente, alguns comentadores avaliavam a vontade dos franceses expressa nas eleições presidenciais à luz das reações dos mercados, aos quais competiria, portanto, uma última legitimação das opções populares. Ou dos gregos, de acordo com critérios de "aceitabilidade" pelo governo alemão.

VI. *Necessitas Facit Legem* (A Necessidade faz o Direito) ou *Nemo Ad Impossibilia Cogi Potest* (Ninguém pode ser Obrigado a Fazer o Impossível)

Por detrás desta sujeição da política democrática à tecnocracia está a ideia de que há leis inevitáveis da economia e que, portanto, as questões de política não dependem da opinião e da ... política, mas da "ciência" e da opinião dos técnicos. O direito teria, nestes casos, que ceder perante a inevitabilidade. O que equivale a dizer que, nas determinações jurídicas – mesmo quando se trate do direito constitucional – está naturalmente incluída uma "reserva do possível" (*Vorbehalt des Möglichen*)[34]. Esta é uma ideia que hoje colhe um sufrágio alargado entre os constitucionalistas portugueses[35].

Isso não é manifestamente assim, desde logo, porque a ideia de "exigência dos factos", ou de "império das circunstâncias", tem dois pressupostos metodologicamente muito

---

[34] Cf. José Joaquim Gomes Canotilho, *Direito constitucional e teoria da constituição*, Coimbra, Almedina, s/d (7.ª ed.), pp. 480 segs.

[35] Jorge Bacelar Gouveia admite que "os direitos estão sempre submetidos à reserva do possível". E acrescenta: "Reconheço que a medida de satisfação desses direitos pode variar perante a situação do país. Se estivermos em crise tem de haver aí condicionalismos perante uma situação económica." Mas Bacelar Gouveia também defende que, ultrapassada a crise, devem ser repostos todos os direitos que foram retirados.

problemáticos. O primeiro é o de que os "factos" estão aí, como uma realidade objetiva e que fala por si. Isto não resiste a nenhum de vários princípios básicos da teoria contemporânea dos saberes: que os "factos" são apenas "leituras", que a "observação" é sempre contextual do estatuto do "observador", que a "realidade" comporta sempre "indeterminação" e "probabilidade". Em suma, constitui uma chocante ingenuidade ou uma descarada falácia pretender perceber ou controlar indiscutivelmente a "realidade dos factos". "Factos" são ... o que o homem quiser. E "exigências dos factos", a mesma coisa. O segundo pressuposto metodológico é o de que os factos (mesmo que se pudessem identificar de forma objetiva) no seu bojo contêm normas. Ora – como se insiste desde David Hume – do ser (*to be, Sein*) não se pode inferir dever ser (*ought to, Sollen*).

Por isso, a sujeição das normas constitucionais às circunstâncias sociais e económicas é uma proposição mal fundamentada do ponto de vista teórico. E, do ponto de vista prático, constituiria um processo pouco passível de controlo metódico, sujeito às diversas leituras de que os "factos" podem ser objeto e às diversas possíveis respostas sobre o que os factos exigem. Por isso é que os técnicos não são unânimes quanto à solução *boa*, para além de não ser evidente *para quem* é que uma solução deve ser boa, já que nas sociedades se exprimem interesses diversos e contrapostos. Invocar os factos é, assim, um argumento falacioso que visa dar à política a inevitabilidade da natureza.

Apesar disto, o discurso hegemónico tem insistido na existência de uma única solução, na falta de alternativas às políticas seguidas, na redução das questões políticas a questões de facto. Foi o que quis dizer o ministro Vítor Gaspar quando, em Conselho de Ministros, respondeu secamente a um colega seu que propunha alternativas para a sua política de austeridade: "*Não há dinheiro*! Qual das três palavras é que não percebeu?". Com isto, reduziu um problema político (de escolha) a um aparente não-problema (por falta de opções alternativas). Mais em geral, é também o que está implícito quando se diz que "não há alternativas" para a política de austeridade. Na verdade, se não há alternativas, é porque a política seguida não é, ela também, uma (de várias) alternativas. É uma necessidade. Isto, naturalmente, dispensa a justificação das medidas, favorecendo uma atitude de autossuficiência, de falta diálogo e de desvalorização do consenso. É o mesmo tipo de argumento que está por detrás da afirmação do "superministro informal" António Borges: "Diminuir salários não é uma política, é uma urgência"[36]. De novo, a inevitabilidade de uma urgência retira o caráter discutível, e logo, político, a uma proposta que, na verdade, é eminentemente política. Aparentemente, mais do que a insensibilidade democrática ou a falta de domínio das técnicas de comunicação, é esta convicção acerca da necessidade e naturalidade das medidas tomadas que explica o autoritarismo e a "impiedade" ("falta de sensibilidade social") do governo na definição e execução das políticas financeiras, económicas e sociais[37].

---

[36] Entrevista a *Jornal de Negócios* (1.6.2012).

[37] Para além disto, afirmar que não há alternativas (possíveis, eficazes) dispensa de provar a possibilidade ou eficácia da solução ... para a qual não há alternativas. Ora, do ponto de vista lógico-argumentativo, todas

Outro argumento pertencente à mesma constelação retórica é o de que a impossibilidade desonera o devedor, cancelando os direitos do credor (*Nemo ad impossibilita cogi potest*). Apesar de contrastar com o princípio do direito privado de que nas prestações de um género (dinheiro) nunca há lugar à impossibilidade (*genus nunquam perit*, art. 540.° do Código Civil) e, portanto, exoneração do devedor pela impossibilidade do objeto, o argumento da impossibilidade do cumprimento pelo Estado das suas obrigações (de prestações pecuniárias) por falta de meios tem estado muito presente na discussão em torno da intangibilidade das prestações sociais. Para além de outros argumentos técnico-jurídicos, tem-se invocado que a falta de meios financeiros (atual ou previsível) exoneraria o Estado da obrigação de satisfazer as prestações sociais estabelecidas, mesmo que estas configurassem direitos adquiridos. A falácia da argumentação é supor que a falta de meios é absoluta ("Não há dinheiro!"), quando ela é apenas o resultado de opções políticas quanto à hierarquia das despesas do Estado. A impossibilidade verifica-se, de facto, no quadro de uma certa política orçamental. Mas o argumento apresenta mais dificuldades.

A primeira é a de que, no plano da teoria constitucional, a introdução de uma implícita reserva do possível nos direitos sociais e económicos – que tem origem numa distinção, feita por Carl Schmitt na sua *Teoria da constituição* (de 1923), entre direitos fundamentais inerentes à liber-

---

as alternativas, mesmo a considerada como solução única, têm que ser comprovadamente possíveis e eficazes.

dade dos cidadãos e direitos económico sociais – tem uma base teórica problemática, que é supor que a garantia de liberdade não pressupõe, também ela, a disponibilidade de meios do Estado, por vezes muito avultados, sobretudo se se entender que o Estado deve garantir esses direitos fundamentais não apenas contra a sua própria ação, mas também contra a ação de terceiros. A segunda é a de que, em direito, as obrigações genéricas – mormente as obrigações de entregar dinheiro – nunca são impossíveis, como antes se disse. Mas, se este princípio jurídico não for aceite no caso de obrigações do Estado, geram-se então outras questões, também elas muito relevantes numa situação de crise, a mais importante das quais é a de que, então, a falta de meios financeiros (a falta de dinheiro, a pobreza) exoneraria também os particulares das suas obrigações. Ou seja, admitida a impossibilidade de prestações pecuniárias para o Estado, teria que se admitir também para os cidadãos, muitos dos quais, num tempo de crise, estão justamente num estado de suprema carência (pobreza). Finalmente, o direito exige que o estado de carência de meios seja declarado segundo certa forma, conduzindo a uma liquidação do património do devedor, ao pagamento aos credores por uma ordem pré-estabelecida, a um plano de pagamento dos débitos subsistentes e, só depois de um certo período, à exoneração do devedor quanto às dívidas que não puderem ser pagas. Admitir a impossibilidade de invocação unilateral pelo Estado da impossibilidade de pagar significaria o mesmo que autorizar os devedores a, por si sós, se declararem impossibilitados de cumprir, podendo ainda escolher aqueles credores a quem queriam satisfazer. Também aqui, a não generalização das soluções jurídicas, o seu uso seletivo, equivale à arbitrariedade.

VII. A Constituição da Crise é o Estado de Exceção (O Estado de não Direito)

A mesma ideia de inevitabilidade das políticas põe em causa o direito como produto de uma escolha comunitária, como resultado da ponderação na esfera pública de diversos interesses em presença, de diferentes leituras das situações e de várias alternativas da solução. Por isso, a desvalorização do direito e da própria constituição perante a inevitabilidade ou a urgência da situação tem sido uma constante.

Com raras exceções, os juristas e constitucionalistas mais creditados têm sugerido ou declarado expressamente que, perante magnitude e urgência do contexto económico-financeiro, a lei constitucional deve ser substituída por uma constituição ditada pela gravidade e urgência dos problemas nacionais gerados pela crise, uma vez que a salvação coletiva é a lei suprema ("*salus populi suprema lex est*"). Numa entrevista radiofónica (Antena 1, 19.10.2011), por ocasião do encerramento de uma vida académica brilhante consagrada à promoção e defesa do Estado constitucional e da Constituição portuguesa, Joaquim Gomes Canotilho declarou, ainda que algo dubitativamente, que, em condições extremas, a constituição teria que ceder perante a suprema necessidade pública[38]: "A necessidade pública é a

---

[38] Segundo os relatos publicados, a sua posição teria sido diferente em Junho de 2011 (http://dejure.com.pt/pacheco/diplomas/golpedeestado.htm).

lei superior [...] A revisão [da Constituição] acaba por ser substituída por certa ideia de necessidade pública, de saúde pública, que obriga os governos a ultrapassar certas formalidades constitucionais para responderem aí às exigências, digamos assim, aos desafios que nos são colocados [...] A eliminação de algumas garantias – sobretudo relativamente a algumas leis do trabalho, que há alguns anos nós diríamos que eram claramente inconstitucionais – hoje, como vê, acabamos por ver que há outras forças superiores à própria constituição"[39]. Jorge Miranda, por sua vez,

---

[39] Outras declarações sobre o mesmo tema: "[...] quando se colocou a questão das imposições da *Troika* ainda estava no Governo o Eng.° José Sócrates e era um Governo demitido, portanto, com poderes reduzidos, e colocou-se o problema de saber-se se um Governo demitido, limitado aos atos necessários para o governo do País, poderia ou não negociar esse acordo com a Troika. Eu tenho a impressão que fui dos poucos a dizer que não podia, tendo sido muito criticado nessa altura, e hoje parece-me claro que um Governo de gestão não poderia assumir esses compromissos. E porque é que ele o fez (...)? Bem, porque há uma máxima que vem deste a Antiguidade que [diz que] a necessidade, digamos, é a última lei. Portanto, como nós dizemos, a saúde pública, digamos assim, a felicidade pública, é a lei superior. E portanto, quando a saúde pública, a necessidade pública, a felicidade pública, diz isso mesmo, não podemos olhar a grandes rigores normativos e a rigores constitucionais porque é preciso tomar decisões, é preciso vincularmo-nos [...]", entrevista a Ricardo Alexandre (Antena 1) (http://tv2.rtp.pt/antena1/index.php?t=Entrevista-a-Gomes-Canotilho.rtp&article=4171&visual=11&tm=16&headline=13; http://tv1.rtp.pt/antena1/?t=Entrevista-a-Gomes-Canotilho.rtp&article=4171&visual=11&tm=16&headline=13. Comentário seu, em condições menos conjunturais, sobre o tema (a propósito do art.° 19.° da CRP): J. J. Gomes Canotilho e Vital Moreira: *Constituição da República Portuguesa Anotada*, 3.ª ed., Coimbra, Coimbra Editora, 1993, pp. 154 segs.

admitiu[40] que alguns direitos sociais pudessem ser afetados, acrescentando que esperava que essa suspensão fosse apenas uma "suspensão" e uma não uma perda definitiva de direitos. A evolução posterior da situação veio a demonstrar que a distinção entre suspensão e perda definitiva não garante nada, uma vez que as suspensões temporárias (por exemplo, as que constam das leis do orçamento) podem ser indefinidamente renovadas.

Já a suspensão do direito privado parece que escaparia sempre à construção dogmática do estado de exceção. O direito privado parece permanecer como uma norma permanente da sociedade, como um *continuum* natural das relações humanas. Por isso é que as estruturas jurídicas da vida privada – a propriedade, o contrato – continuam a ser creditadas como respeitáveis, mesmo nesta sociedade de não direito (constitucional). Isto corresponde a uma deslocação da norma fundamental da constituição para os códigos civis, típica do direito liberal do século XIX.

VIII. A Questão Latente dos Contornos Jurídicos do Estado de Exceção: há Limites para a Suprema Salvação Pública?

O estado de exceção está previsto na Constituição da República Portuguesa no art.° 19.°, que se refere à suspensão do exercício de direitos. Ao contrário do que acontece com algumas constituições contemporâneas, a constituição não prevê a declaração de um estado de exceção por ra-

[40] *Correio da Manhã*, 14.4.2012; Expresso, *id.*

zões económico-financeiras[41]. Embora seja bastante complacente quanto à competência para declarar o estado de exceção, há exigências quanto à forma (n.° 5) e quanto aos resultados, restringindo estes à suspensão temporária de certos direitos e impedindo-a em absoluto relativamente a outros (n.°s 5 e 6).

A admissão de um estado de exceção fora destes limites – que não incluiriam sequer, nos seus pressupostos fácticos, a situação que se vive hoje – implica um considerável salto para fora da lei constitucional e a adoção de uma exceção "doutrinal", variável com os autores e, por isso, insegura e nada garantista[42].

Ficou famosa a conceção agonística e paradoxal do estado de exceção elaborada por Carl Schmitt nos anos 20 de século passado: perante um estado de suprema anormalidade, a salvaguarda da constituição, como garantia em última instância da salvação da comunidade, exigiria a suspensão da lei constitucional e a entrega absoluta do poder nas mãos de um magistrado extraordinário que, nos

---

[41] Na constituição brasileira, v. art. 34.°: I – manter a integridade nacional; II – repelir invasão estrangeira ou de uma unidade da Federação em outra; III – pôr termo a grave comprometimento da ordem pública; IV – garantir o livre exercício de qualquer dos Poderes nas unidades da Federação; V – reorganizar [em certas circunstâncias] as finanças públicas; VI – prover a execução de lei federal, ordem ou decisão judicial; VII – assegurar a observância dos seguintes princípios constitucionais fundamentais. Exige sempre a ratificação por parte do legislativo.

[42] A literatura é vastíssima. Em Portugal, a monografia mais completa é a de Jorge Bacelar Gouveia, *O Estado de excepção no direito constitucional*, Coimbra, Almedina, 1999.

termos de uma constituição fundamental implícita, adotaria as medidas requeridas pela situação de facto. A política – como escolha das medidas requeridas pela necessidade – impunha-se ao direito ordinário[43].

Hoje, porém, costuma prevalecer uma conceção mitigada, que – retomando a distinção terminológica de Schmitt – incorpora na "constituição" certas normas, formais ou matérias, irrevogáveis, mesmo neste estado de suprema necessidade pública. Sobre quais sejam estas normas, já as opiniões não são unânimes.

Para uns, são as normas daquele direito que é indispensável para regular o processo de sair da crise. Ou seja, supõem que uma resolução profunda e sustentada há de restaurar o equilíbrio (o bem) do todo, o que apenas se conseguiria por meio de uma decisão regulada (de um *iudicium*). Isto exigiria que a constituição de crise incorporasse o respeito dos direitos adquiridos ou, pelo menos, do processo estabelecido para o cancelamento destes: nos termos do constitucionalismo norte-americano, a *undertaking clause*[44] e a *due process of law clause* (*substantial* e *for-*

---

[43] V. a interpretação mais recente em Giorgio Agamben, *Stato di eccezione*, Bollati Boringhieri, Torino 2003 (ed. port., Lisboa, Edições 70, 2010), que analisa o paradoxo de uma «forma legale [a constituição] di ciò che non può avere forma legale [segundo a lei constitucional]»). Textos originais de C. Schmitt: *Der Hüter der Verfassung*, 1929 (trad. port., O guardião da Constituição. Belo Horizonte, Del Rey, 2007); *Verfassungslehre*, 1928 (trad. cast., *Teoria de la constitución*, Madrid, Alianza, 1982); *Politische Theologie*, 1922 (trad. port., *Teologia Política*, Belo Horizonte, Del Rey, 2006).

[44] "The obligations of a contract shall not be impaired"; "no private property shall be taken for public use without compensation".

mal[45])[46]. No direito europeu continental, isto corresponderia à salvaguarda do "princípio da confiança", ou ao respeito dos direitos fundamentais[47].

Para outros, este núcleo constitucional corresponde à constituição "cosmopolita-civilizacional", ou seja, aos princípios constitucionais estabelecidos no diálogo entre ordens constitucionais cosmopolitas[48].

Outros, finalmente, acham que a constituição de crise incorporará ainda a garantia do progresso humano e civilizacional, vedando a adoção de normas que façam recuar

---

[45] Do ponto de vista substantivo, a cláusula corresponde à *undertaking clause*. Do ponto de vista processual, corresponde à forma como o direito é administrado ou aplicado, proibindo uma privação arbitrária de interesses particulares protegidos (v.g., inesperada e sem contraditório). (v. http://legal-dictionary.thefreedictionary.com/Substantive+Due+Process).

[46] Richard Epstein, *Crisis & the Law with Richard Epstein*, (http://www.youtube.com/watch?v=HAZxZZtoG-w).

[47] V. Ac. TC n.° 396/2011.

[48] Para uma concretização recente e com especial referência ao constitucionalismo português, ver P. Häberle, "Novos Horizontes e Novos Desafios do Constitucionalismo", *Direito público*, 13 (jul-ago-set 2006), pp. 99 segs. (=http://www.direitopublico.idp.edu.br/index.php/direitopublico/article/viewFile/417/331), *maxime* pp. 102 segs.: dignidade do homem, democracia pluralista, direitos fundamentais, divisão de poderes, independência dos tribunais, *rule of law*, transparência da administração, pluralismo organizacional. Teorizando esta ideia e os seus limites, Marcelo Neves, *Transconstitucionalismo*, São Paulo, WMF, Martis Fontes, 2009; José Joaquim Gomes Canotilho, *Constituição dirigente e vinculação do Legislador*. Coimbra, Coimbra Editora, 2001, 2.ª ed., Prefácio, pp. XXIX-XXX; Gilberto Bercovici, "A problemática da Constituição Dirigente: algumas considerações sobre o caso brasileiro", *Revista de Informação Legislativa*, n.° 142 (abril-junho 1999), Brasília, Senado Federal.

aquisições progressistas[49-50]. Esta posição teve acolhimento na jurisprudência constitucional portuguesa[51].[52]

A constituição portuguesa, no artigo referido, subordina o estado de exceção a três regras: ser declarado na forma prescrita na constituição, ser temporário, não afetar, nem

---

[49] Italo Roberto Fuhrmann e Souza, "Princípio da proibição do retrocesso social e constitucionalismo dirigente. A problemática da defesa dos direitos fundamentais sociais no direito brasileiro", (http://www3.pucrs.br/pucrs/files/uni/poa/direito/graduacao/tcc/tcc2/trabalhos2008_1/italo_roberto.pdf).

[50] "O princípio da democracia económica e social institucionaliza uma proibição de retrocesso social. [...] com isso quer se dizer que os direitos sociais e económicos (ex: direitos dos trabalhadores, direito à assistência, direito à educação, etc.), uma vez alcançados ou conquistados, passam a constituir, simultaneamente, uma garantia institucional e um direito subjetivo. Desta forma, e independentemente do problema "fáctico" da irreversibilidade das conquistas sociais, o princípio da democracia social e económica fundamenta uma pretensão imediata dos cidadãos contra as entidades públicas sempre que o grau de realização dos seus direitos econômicos e sociais for afetado em seu sentido negativo, e estabelece uma proibição de "evolução reacionária" (*Rückschrittsverbot*) dirigida aos órgãos do Estado. Esta proibição justificará a sanção de inconstitucionalidade relativamente a normas manifestamente aniquiladoras das chamadas conquistas sociais" (José Joaquim Gomes Canotilho, *Direito Constitucional*, Coimbra, Almedina, 1986, 4.ª ed., p. 393). Porém, este princípio poderá estar sujeito à "reserva do possível" (*Vorbehalt des Möglichen*).

[51] Cf. Ac. TC n.° 39, de 11.04.1984 (rel. Vital Moreira) (retrocesso do SNS); Ac. TC n.° 509/2002, 19.12.2002 (rel. Luís Nunes de Almeida), declarando inconstitucional a exclusão pessoas de idade entre 18-25 anos do benefício do rendimento mínimo de inserção. Ambos referidos a uma situação "normal".

[52] Tecnicamente, é muito difícil justificar uma extensão por analogia de uma norma excecional.

temporariamente, os "direitos à vida, à integridade pessoal, à identidade pessoal, à capacidade civil e à cidadania, a não retroatividade da lei criminal, o direito de defesa dos arguidos e a liberdade de consciência e de religião", e "respeitar o princípio da proporcionalidade e limitar-se, nomeadamente quanto às suas extensão e duração e aos meios utilizados, ao estritamente necessário ao pronto restabelecimento da normalidade constitucional". Embora não tenha havido, nem porventura pudesse haver, nenhuma declaração de estado de exceção, a análise dos acórdãos do Tribunal Constitucional que avaliaram da constitucionalidade de leis alegadamente invasivas de direitos constitucionalmente garantidos induz a pensar que, embora nunca refiram o estado de exceção, os seus requisitos substanciais (*i.e.*, não formais, não orgânicos, nem também os genéticos) – caráter temporário da suspensão de direitos, ressalva de certos direitos "fundamentalíssimos", proporcionalidade das medidas, ocorrência de algo tão perturbador da vida da comunidade como as circunstâncias do n.° 2 do art. 19.°, mas de natureza económico-financeira[53] – estavam presentes no espírito dos juízes. Esta presença muda de um estado de exceção doutrinal ainda explicaria a insistência do tribunal no caráter extremo das circunstâncias geradas pela crise. Porém, reconhecer isto

[53] Porém, perante esta opção, algumas das questões discutidas nos acórdãos parecem excrescências: a do caráter provisório das medidas legais, a da proporcionalidade das medidas, a do caráter extremo da situação. Se não havia ofensa de situações constitucionalmente garantidas, o legislador ordinário conservava o seu poder de livre conformação do direito.

seria transferir o padrão de constitucionalidade da constituição positiva para uma constituição doutrinal (que legitimava a derrogação da primeira). Perante esta dificuldade, restava ao tribunal a via de considerar que as leis sindicadas não violavam situações constitucionalmente garantidas. Foi o que fez[54].

O que alguns constitucionalistas têm dito sobre a primazia da crise sobre a constituição, sendo normativamente muito sério, pode estar descritivamente correto. Ou seja, embora isso não seja justificável dentro do paradigma do Estado democrático constitucional, pode estar a ser (infelizmente) interiorizado pelos guardiães da constituição que esta apenas ordena sob a reserva da possibilidade. Porém, como a "possibilidade" não pertence à realidade, mas à construção (político-ideológica) sobre a realidade, isto significa subordinar a constituição àquilo que certa conceção do mundo e da sociedade considera como possível/desejável. Ou seja, subordinar o direito à oportunidade.

Naturalmente que a invocação do estado de necessidade pode ser estendida da constituição para a democracia. No debate gerado pelos resultados das eleições gregas de maio de 2012, alguns constitucionalistas têm realçado que,

---

[54] "Os princípios constitucionais só fazem sentido adaptados ao contexto. O direito só é bem interpretado quando é adaptado ao contexto económico e social que vai mudando ao longo do tempo. As constituições mais duradouras e que conseguem ter um papel mais efetivo nas sociedades são aquelas cujos princípios constitucionais se vão adaptando à realidade política social e económica. Nesse sentido é a própria natureza dos princípios constitucionais enquanto princípios que têm uma ambição normativa temporal prolongada [...]".

perante a eminência de bancarrota do Estado, os gregos "votaram mal", pois a maioria (teórica) que deram a partidos que se opõem ao programa de austeridade conduz a uma solução que eles *não podem querer.* De modo que, ou as eleições têm que ser repetidas – mesmo que fosse possível encontrar uma solução parlamentar apoiada na "maioria de esquerda" –, ou o resultado eleitoral teria que ser reinterpretado de acordo com "as possibilidades", ou seja, de modo a impor uma solução favorável ao acordo de "resgate". Perante os resultados das eleições francesas do mesmo dia, foi insistentemente ventilada a ideia que, mais decisivo do que o programa político escolhido pelos franceses, havia de ser a "realidade das finanças e da economia", quando o novo presidente "caísse na real". Porque, afinal, os franceses tinham votado uma coisa tão impossível como fazer dos quadrados círculos. Assumindo, claro, que há *apenas uma* geometria.

IX. Uma Contextualização Mais Radical das Normas Constitucionais

Menos radical, mas conduzindo à mesma desvalorização do direito constitucional é a ideia de que este terá que ser especialmente contextualizado em tempo de crise. Ou contextualizado em função das circunstâncias de facto. Ou contextualizado em função de outras constituições da contemporaneidade, que conviveriam com a constituição formal da república.

Em entrevista recente, Miguel Poiares Maduro defende, com razão, que esta adaptação das normas corresponde a uma regra inevitável da hermenêutica jurídica[55], pondo, no entanto, a questão dos limites da adaptação. Todavia, o facto de se insistir na questão da contextualização em tempo de crise, sugere que ela tem uma importância especial, que merece maior destaque neste contexto: ou no sentido de que o contexto agora pesa mais, ou no de que os argumentos contextuais devem ser majorados nomeadamente no juízo de proporcionalidade; ou no de que os limites à contextualização são agora menores do que na contextualização ordinária. Seja qual for o sentido em que se tome este argumento, o seu uso não garante muito os elementos objetivos da interpretação constitucional (intenção do povo constituinte, tradição interpretativa da constituição, expectativas partilhadas sobre o sentido da constituição), de modo a salvaguardar adequadamente a natureza constituinte da constituição contra interpretações oportunistas ("Uma norma jurídica não pode permitir todo o tipo de interpretações. Tem que ter sempre limites. Muitas vezes o que acontece é que esses limites não estão definidos *ex ante*. Resultam do processo de interação entre essa norma jurídica e a realidade económica e social. Nem tudo é permitido na interpretação constitucional tal como nem tudo está previamente definido" ...[56]). Digamos que são limites ... pouco limitativos.

Um recurso especial ao argumento da contextualização é – como disse Canotilho na entrevista antes citada – mais

---

[55] Entrevista ao *Diário de Notícias*, 23-01-2012; http://www.mynetpress.com/pdf/2012/janeiro/201201232a161c.pdf.

[56] V. Terence Halliday & Lucien Karpik (ed.), *Lawyers and the Rise of Western Political Liberalism: Europe and North America from the Eighteenth to Twentieth Centuries*, Oxford, Oxford University Press, 1998.

sofisticada, integrando-se na deriva globalizante do direito constitucional atual. A constituição da república teria que ser acomodada com outras constituições a que Portugal se submeteu com o ingresso na UE ou com a adesão ao modelo político-civilizacional da democracia liberal e da economia de mercado. Não se tratando, teoricamente, de uma desconstitucionalização, mas antes de um alargamento do universo normativo constitucional, ele acaba por enfraquecer muito o fundamento democrático da ordem constitucional e de a tornar mais permeável a princípios flutuantes e opinativos. De facto, as tais constituições concorrentes não são um conjunto fechado e expressamente definido de princípios, nem foram objeto de decisões democráticas, como a que deu origem à constituição formal. Foram indiretamente induzidas por atos dos governos, nunca referendados pelo povo, no caso da UE. E, no caso da "civilização liberal", nem sequer constituíram objeto de qualquer decisão, mas apenas algo que resultou automaticamente de uma alegada necessidade histórica ou geopolítica; enfim, da "natureza das coisas". Ou, então, foram inferidas de um universos de valores correspondente à interpretação (ideológica, parcial) que alguns fazem do espírito do nosso tempo. Sobretudo nestes últimos sentidos, as tais constituições globais constituem uma vaguíssima constelação de princípios e de valores que flutua ao sabor das interpretações. Embora, na doutrina constitucional hegemónica, tenda a coincidir com o universo, também flutuante e sujeito a equilíbrios variáveis, dos valores que sustentam a cultura liberal[57].

[57] Na entrevista já citada.

X. A Discricionariedade do Legislador à Beira do Abismo

A desvalorização do direito, se pode derivar da naturalização da política e da ideia de inevitabilidade das escolhas, também pode estar ligada justamente ao oposto: à ideia de que as medidas políticas dependem exclusivamente do arbítrio do poder (do legislador ordinário). Esta posição é natural nos que têm uma conceção radical da democracia, mas inesperada em defensores do controle jurisdicional da constituição. No entanto, a emergência da crise tem favorecido a ideia de que, numa situação de apuro, o poder deve dispor da liberdade de adotar medidas de emergência e de que todos os entraves jurídicos ou constitucionais constituiriam uma usurpação dessa faculdade de decidir, de conformar livremente o direito, indispensável nos momentos de crise. Ou, então, a de que uma avaliação realista das condições vigentes não permite "fantasias constitucionalistas", mas antes a ratificação jurídica e judicial das decisões do legislativo. Se Gomes Canotilho fala de "tapar o vento [a crise] com as mãos [as normas constitucionais]"[58], Marcelo Rebelo de Sousa pergunta "se passa pela cabeça de alguém que o Tribunal Constitucional declare a inconstitucionalidade do Orçamento de Estado?"[59]. Por sua vez, Miguel Maduro defende um entendimento muito amplo da

[58] Citado em http://www.inverbis.pt/2012/artigosopiniao/menezes-leitao-defesa-extincao-tc3.

[59] Na entrevista antes citada.

esfera de decisão do poder livre de controlo jurisdicional de constitucionalidade por entender que "se a linha de fronteira que demarca a sua intervenção judicial não for muito clara, [os tribunais] terão de passar a intervir em quase todas as questões económica e socialmente controversas e serão enterrados em contencioso"[60].

Na prática política quotidiana, o governo/legislativo também reivindica frequentemente esta legitimidade democrática para as suas medidas políticas. Alguns comentadores (por exemplo, José Pacheco Pereira) têm afirmado que, em Portugal, o poder nunca foi tão forte como nestes tempos de crise. Sob o pretexto da urgência da crise, combinada com a inevitabilidade das soluções e também com a primazia das "reformas estruturais" sobre os direitos corporativos instalados, o governo/legislativo tem atacado direitos e expectativas de forma apenas comparável aos anos do PREC. Outros colunistas já têm falado de "PREC restauracionista" e de "gonçalvismo de direita". Este retorno da *politique d'abord* e do primado da política sobre o direito poderia, como se disse, explicar-se pelo sentimento de alguns ideólogos liberais de que

---

[60] Sobre direito e crise, com referência à situação portuguesa, Armindo Ribeiro Mendes, "A crise e os seus efeitos previsíveis no direito" (http://www.stj.pt/ficheiros/coloquios/acriseefeitosdireito-drarmindo-ribeiromendes.pdf), comunicação ao colóquio organizado pelo STJ, "A crise e os seus efeitos previsíveis no direito", 23.11.2011 (outras comunicações: http://www.stj.pt/coloquios/coloquios/415-crise-efietos-direito). Numa perspetiva mais alargada, ver Mario G. Losano (ed.), Pereira Elza Antónia Cunha Boiteux e Fredys Orlando Sorto, *Solidaridad y derechos humanos en tiempos de crisis*, Madrid, Dykinson, 2011.

estão a levar a cabo uma nova revolução, orientada para reformas estruturais, que choca com interesses instalados, mas que deve prevalecer sobre eles.

Esta ideologia espontânea do quotidiano no sentido de um decisionismo estatalista conflitua dramaticamente com o anti-decisionismo e o anti-estatalismo da visão liberal do mundo, antes descrita. De facto, o liberalismo é radicalmente avesso a políticas voluntaristas, dirigistas, impostas arbitrariamente à sociedade civil por um Estado colonizador e executadas pela presença invasiva e sufocante da administração pública. Daí a ocorrência contínua dos tópicos da necessidade de emagrecimento do Estado, da dimensão excessiva e da ineficiência da administração pública, do grande número de funcionários, do peso dos custos da máquina estadual no conjunto das despesas públicas e na riqueza produzida. Mais próximo do mundo do direito, a crítica da justiça oficial, pelos seus custos, pela sua lentidão e ineficiências, pela sua separação da vida, e as propostas de promoção de formas "privadas" de justiça, como a arbitragem. No contexto da crise e nos países que estão a ser atingidos por ela, este decisionismo orienta-se, porém, pela lógica dos mercados, duplica a mão invisível, preparando o advento de um Estado mínimo. Tal como, na via de preparação do comunismo, a ditadura do proletariado preparava o advento de uma sociedade sem Estado, o voluntarismo estatal dos governos liberais é como que uma dor do parto de uma sociedade emancipada, entregue ao "livre" jogo dos agentes do mercado.

XI. A Justiça Constitucional num Tempo de Crise[61]

Em alguns acórdãos famosos – n.°s 3/2010[62], 251/ /2011[63], 396/2011[64] e 613/2011[65] –, o Tribunal Constitucional tem vindo a corrigir a sua orientação anterior[66] de não aceitar facilmente o cancelamento dos direitos ou expectativas a prestações salariais ou sociais do Estado, parecendo aderir a um entendimento alargado da discricionariedade do legislador ordinário, e autorizando-o, sem grandes limites, a avaliar a proporcionalidade entre o sacrifício de direitos e outros valores constitucionalmente protegidos, quer da constituição ordinária, quer de uma "constituição de crise".

---

[61] Ac. de 6/1/2010 (rel. João Cura Mariano, unanimidade), em http://www.dgaep.gov.pt/upload/Legis/2010_acordao_3_02_02.pdf.

[62] Ac. de 17/5/2011 (rel. Maria Lúcia Amaral), em http://www.tribunalconstitucional.pt/tc/acordaos/20110251.html.

[63] Ac. de 21/9/2011 (rel. Joaquim Sousa Ribeiro), em http://www.tribunalconstitucional.pt/tc/acordaos/20110396.html.

[64] Ac. de 13/12/2001 (rel. José Cunha Barbosa), em http://www.tribunalconstitucional.pt/tc/acordaos/20110613.html.

[65] V., por exemplo, Ac. n.° 186/2009, de 21/4/2009 (rel. Maria João Antunes), em http://www.dgap.gov.pt/upload/Legis/2009_atc_186_13_05.pdf. Ainda anterior, mas considerado como referência neste sentido, o ac. n.° 615/2007, de 19/12/2007 (rel. Ana Maria Guerra Martins, unanimidade), em http://dre.pt/pdf2sdip/2008/02/028000000/0513305138.pdf.

[66] *A natura ad legem*. Há uma incompatibilidade entre este argumento e a lei de Hume sobre a separação entre *ought to-is* (ou, na versão da filosofia dos valores alemã, *Sein-Sollen*).

Num destes acórdãos (ac. n.° 396/2011), depois de destacar a gravidade da situação financeira e económica do país e de invocar exemplos internacionais de políticas de austeridade (uma espécie de prova pelo consenso universal, com uma função retórica semelhante à do argumento naturalista[67], na classificação de G. Tarello), o acórdão aceita uma compressão (provisória[68]) da constituição ao

---

[67] O acórdão insiste muito na relevância da distinção entre medidas provisórias e medidas definitivas. No entanto, não é nada claro que a natureza provisória de medidas legislativas altere substancialmente a gravidade da ofensa de princípios constitucionais. Se assim fosse, teríamos que admitir a constitucionalidade de limitações temporárias – fora das situações de exceção previstas na constituição – de direitos fundamentais. De resto, o conceito de temporário é, como se vem vendo, tão fluido que, substancialmente, se pode equiparar a definitivo, se o termo final da suspensão de direitos estiver na dependência do legislativo. No caso concreto, o acórdão repete que as reduções de salários analisadas terminam em 2014, mas o governo/legislativo já declarou que só retomará o valor estabelecido das prestações em 2015 e progressivamente ... Sem que haja, para além disso, promessa de reposição das quantias não pagas, o que equivale a uma expropriação sem indemnização, ou confisco; já que não se trata, nos termos da lei, de um imposto (i.e., medida "do lado das receitas"). Como já se sugeriu, a discussão sobre o caráter temporário das medidas pode ter sido induzida pela exigência constitucional de que a suspensão dos direitos no estado de exceção seja temporária.

[68] No caso de mudança extraordinária (revolução, estado de exceção, alteração "imprevisível" e "anormal" das circunstâncias negociais), estas garantias poderão não subsistir, pois se trataria ou de um "estado de não direito", em virtude da emergência de valores supremos e incomensuráveis, ou de "menos direito", pela grande desproporção entre os valores emergentes ou extraordinários e os valores habituais ou ordinários, protegidos pelo princípio da confiança. É o que acontece com a ocorrência de uma alteração anormal das circunstâncias contratuais que torne uma das prestações inexigível, segundo os princípios da boa-fé (art. 437.°, n.° 2, do Código Civil).

núcleo que garante direitos inatacáveis, identificados com os direitos fundamentais. Ressalvada esta esfera, tudo o resto do direito estaria ou sob o império da necessidade ou à discrição da política; sujeito ou à inevitabilidade das coisas naturais (naturalismo) ou à arbitrariedade da vontade de poder (decisionismo). Em qualquer dos casos, pertenceria a um mundo insindicável pelo direito. Talvez mais rigorosamente, a um mundo em que o direito se distribuiria por três esferas, duas delas insindicáveis: a da natureza das coisas, em que seria direito aquilo que é inevitável (o "resgate financeiro"); a do direito natural, em que seria direito aquilo que está estabelecido por normas jurídicas suprapositivos ("os direitos fundamentais"); a do direito político, em que seria direito aquilo que é querido pelo poder estabelecido (as "medidas de austeridade").

Nestes termos, a justiça constitucional ficaria restrita, em tempo de crise, à sindicância do respeito pelos direitos fundamentais. Mas, ainda aqui, como se vê da argumentação do acórdão relativa às exigências do princípio da proporcionalidade e do princípio da igualdade, esta sindicância ficaria muito diminuída. Na verdade, segundo a enfática argumentação do acórdão, a concretização desses princípios e a sua ponderação perante outros princípios ou valores concorrentes era "política" e, portanto, colocada à discrição do legislativo ordinário, como representante do povo. Ou seja, na prática, o tribunal entende – e, porventura, bem, embora isso tenha consequências devastadoras para a justiça constitucional – que a legitimidade da decisão jurídica do legislador não se funda na correção de um juízo prático de ponderação, que poderia ser sindicada judicialmente, mas no *pedigree* (democrático) do decisor.

Uma inesperada conclusão de corte "jacobino", nada compatível com as pretensões da jurisdição constitucional, concorde-se ou não com estas pretensões.

XII. Os Direitos Adquiridos

É este contexto que explica o protagonismo da polémica política em torno dos "direitos adquiridos".

Ao lado dos direitos fundamentais (nas várias aceções que a expressão pode ter), os direitos adquiridos constituem um outro grupo de situações jurídicas tradicionalmente garantidas contra a mudança. Pelo menos, contra uma mudança ordinária[69]. O âmbito da categoria "direitos adquiridos" tem sido discutido. Tradicionalmente, a existência de direitos adquiridos era relacionada com a natureza do facto jurídico que consolidara essa aquisição (contrato, caso julgado, quase contrato[70]). Hoje tende-se a optar por uma noção substancial de direitos adquiridos orientada pela avaliação da razoabilidade, intensidade e relevância das expectativas que eles tutelam; fazendo equivaler os direito adquiridos a situações normalmente considera-

---

[69] Pretensões correspondentes a prestações do pretendente (v.g., no direito antigo, mercês correspondentes a serviços)

[70] A Carta dos Direitos e Deveres Económicos dos Estados, adotada pela Assembleia Geral das Nações Unidas (12.12.1974) reconhece o direito estadual a expropriar, mesmo bens de estrangeiros: "Cada Estado tem o direito [...] de nacionalizar, expropriar ou transferir a propriedade dos bens estrangeiros, casos em que deverá pagar uma indemnização adequada, tendo em conta as suas leis e regulamentos e todas as circunstâncias que julgue pertinentes [...]".

das como estáveis (*fundatae intentiones*), suscetíveis de fundar cálculos de vida e cuja frustração violaria o princípio da confiança.

Mesmo em circunstâncias normais, os direitos adquiridos não são protegidos em absoluto. O instituto da expropriação permite superá-los, embora com limitações[71], ao passo que a retroatividade das leis só é proibida nos casos das leis restritivas de direitos, liberdades e garantias, das leis criminais incriminadoras mais severas e das leis que criam impostos. Também no domínio do direito dos contratos, de há muito que foi afastada a intangibilidade do princípio *pacta sunt servanda*. Hoje, a proteção das posições subjetivas que decorrem do teor das declarações contratuais está sujeita a vários princípios concorrentes do da "santidade dos contratos", como o princípio da boa-fé, do equilíbrio das prestações, da justiça e moralidade do que foi contratado, da alteração das circunstâncias, etc..

O tema dos direitos adquiridos tem tendido a mudar de enquadramento na dogmática jurídica[72]. Era, tradicionalmente, um tema de direito privado, o qual definia os modos de aquisição de direitos e também os modos da sua modificação e extinção. Interessava ainda à teoria da aplicação sucessiva das leis. Subsidiariamente, aparecia também no direito administrativo, a propósito do equilíbrio entre o direito público e os direitos privados, dando aí ori-

---

[71] Há poucas monografias atuais sobre este tema: Constantin Yannakopoulos, *La notion de droits acquis en droit administratif francais*, Paris, LGDJ, 1997.

[72] Sobre o direito privado crítico, v. Jussara Ferreira, "Teoria crítica do negócio jurídico", em http://www.diritto.it/pdf/27048.pdf.

gem ao excecional instituto da expropriação (por utilidade pública; no mundo anglo-saxónico, ao instituto do *public domain*). Dada a marca genética liberal do direito privado tradicional[73], a noção de direitos adquiridos era marcada pela sua irredutibilidade, contra a qual reagiram as orientações pós-liberais do Estado interventor, do Estado Social, ancoradas na ideia de interesse público. Ao seu lado, desenvolveu-se a teoria dos direitos fundamentais (antes, dos direitos do homem), de cunho publicístico, que considerou como originários e irrenunciáveis (e, logo, adquiridos para sempre) certos direitos, aqui encarados sobretudo como direitos-resistência (direitos contra o Estado)[74]. A salvaguarda destes direitos adquiridos não está expressamente consagrada na Constituição da República Portuguesa. Mas esta salvaguarda é um direito considerado como exigido pelo princípio da confiança e este como um corolário do princípio do Estado de Direito (art. 2.° da CRP: "respeito e garantia de efetivação dos direitos e liberdades fundamentais").

O certo é que, ao avaliarem os limites da liberdade de conformação do legislador, os constitucionalistas dão pouco destaque a este direito de garantia das esferas de

---

[73] Na verdade, estes direitos tinham lugar na teoria privatista: eram os direitos originários, resultantes "da própria natureza do homem". Cf. Código Civil português de 1867, art.° 359.°. Falta no código atual uma disposição semelhante sobre estes direitos. Apenas há uma referência aos direitos da personalidade (art.° 70.°).

[74] Ingo Wolfgang Sarlet, "Notas sobre a assim designada proibição de retrocesso social no constitucionalismo latino-americano" (em http://www3.tst.jus.br/Ssedoc/PaginadaBiblioteca/revistadotst/Rev_75/Rev_75_3/sarletingowolfgang.pdf).

direitos adquiridos dos particulares, o que também contribui para a sua progressiva precarização. Nesta posição convergem duas linhas de força de sentido ideológico contrário. Por um lado, os direitos adquiridos estiveram na mira das políticas do direito do Estado Social, enquanto baluartes do liberalismo. Por outro lado, estão agora na mira das políticas liberais enquanto veículos que suportam direitos sociais "exagerados"[75]. Os direitos adquiridos, enquanto expressão do individualismo liberal, e – agora – os direitos (adquiridos) sociais, como manifestação de um processo de extensão e de banalização do Estado Social, gozam hoje de má fama.

O advento da crise agravou ainda esta situação. Como o ambiente ideológico dominante é de orientação liberal, os direitos adquiridos são agora identificados como direitos a prestações do Estado Social, insinuando-se uma não identidade entre os direitos adquiridos do Estado (como dispensador de prestações sociais) e os direitos adquiridos no comércio privado (no "mercado", em que o Estado, como agente privado, como contraente, pode participar). Esta última classe de direitos adquiridos não só não é atacada, com antes se tende a considerá-la como inviolável ou se reforça essa inviolabilidade de princípio com expres-

---

[75] Indicação sumária de fontes em http://www.answers.com/topic/contract-clause#ixzz1u6dWUkZG. Esta cláusula não teve sempre o mesmo sucesso. Originariamente, era considerada por alguns como "unduly constraint to the states, precluding them from acting in times of emergency". Até há algumas décadas foi bastante marginalizada pelo princípio da deferência para com o legislativo: cf. http://www.answers.com/topic/contract-clause#ixzz1u6eVYPR7. E matéria criminal, vigora a paralela *ex post facto clause*.

sas disposições legais nesse sentido. Tudo respondendo, tanto a razões de princípio como à necessidade pragmática de manter ou reforçar a confiança dos agentes no mercado. Quanto à primeira classe de direitos adquiridos, em contrapartida, ou se tende a precarizar a sua proteção jurídica, classificando-os como simples expectativas não protegidas (ou direitos em formação), ou sujeitando estes direitos a um juízo de proporcionalidade (que relativiza a sua proteção) em relação a outros bens constitucionalmente garantidos.

No constitucionalismo norte-americano esta garantia apenas parcial de direitos está expressa no art.º I, sec. 10, cl. 1 da Constituição dos EUA: "No State shall [...] pass any Law impairing the obligation of contracts" (*contract clause*[76]).

Em Portugal, estas duas zonas – a garantida pelo liberalismo e a precarizada por ele – também tendem a aparecer como distintas. Entre as prestações do Estado, tem-se frequentemente tratado com deferência as que são devidas nos termos de contratos e que, por isso, estariam blindadas contra alterações motivadas pelo interesse público[77], pela correção de vícios estruturais do contrato (como a desproporção das prestações: contratos leoninos) ou pelos apertos da crise (impossibilidade de cumprimento). Tem sido isso que tem dificultado a renegociação

---

[76] Por exemplo, por novos impostos, obrigando o Estado a indemnizar, no caso de os criar (garantia fiscal).

[77] O tribunal arbitral constituído em outubro de 2008, por acordo entre a Mota-Engil e a Administração do Porto de Lisboa. Cronologia muito completa em http://tretas.org/Liscont.

ou rescisão de contratos de parceria público-privada geralmente tidos como lesivos (ou altamente lesivos) do interesse público. Num caso em que o Estado, por meio de uma medida legislativa, tomou a iniciativa de inviabilizar a prorrogação de uma concessão de espaço para armazenamento portuário, um tribunal arbitral instituído pelas duas entidades intervenientes considerou que essa lei violava o princípio da confiança. "Decidimos que a lei parlamentar que revoga o acordo é inconstitucional [!! ??], porque viola o princípio da confiança" (José Manuel Cardoso da Costa, ex-Presidente do Tribunal Constitucional, segundo a imprensa: *Jornal de Negócios*)[78]. Com este mesmo argumento vários colunistas têm alertado para os perigos jurídicos de uma renegociação das parcerias público-privadas, alguns opinando que elas são constitutivas de direitos que têm que

---

[78] Recentemente, a lei garantiu expressamente as posições contratuais das empresas que tenham celebrado com o Estado contratos de parceria público-privada, mesmo quando estes contratos forem gravemente lesivos do interesse público. Embora o n.° 1 do art.° 48.° disponha que "o regime [se] aplica [...] a todos os processos de parcerias, ainda que já tenham sido celebrados os respetivos contratos", o n.° 5 determina, inesperadamente e em aparente colisão com o anterior, que da aplicação do diploma "não podem resultar alterações aos contratos de parcerias já celebrados, ou derrogações das regras neles estabelecidas, nem modificações a procedimentos de parceria lançados até à data da sua entrada em vigor". Decreto-Lei n.° 111/2012, de 23.05 (http://dre.pt/pdf1sdip/2012/05/10000/0270202713.pdf). Este diploma tem uma misteriosa ressalva: a das "concessões de sistemas multimunicipais de abastecimento de água para consumo humano, de saneamento de águas residuais e de gestão de resíduos sólidos urbanos, previstas no Decreto-Lei n.° 379/93, de 5 de novembro, com a redação dada pelo Decreto-Lei n.° 195/2009, de 20 de agosto" [art.° 2.°, al. b)].

ser respeitados, que a sua blindagem jurídica as torna inatacáveis ou que não as respeitar afetaria gravemente a "confiança dos mercados". E, na verdade, essa negociação, muito reclamada pelos partidos do governo, quando estavam na oposição, levou tempo a formalizar na lei. E, quando o foi[79], inesperadamente veio ainda garantir a inalterabilidade de contratos já celebrados e, com isso, a permanência de situações criadas à sombra deles, por lesivas que sejam do interesse público. Ultimamente, parece que alguns dos setores que defendiam a renegociação das parcerias[80] estão a optar por outro meio de dar satisfação à opinião pública, que não ofende os direitos adquiridos dos privados: a instauração de processos-crime contra os responsáveis políticos que prepararam ou assinaram os contratos de parceria[81].

---

[79] Os então partidos da oposição foram muito enfáticos na denúncia do caráter lesivo das parcerias, quer em geral, por sacrificarem gerações futuras e fomentarem a irresponsabilidade nos custos, empurrando estes para o futuro, quer no concreto, porque os contratos conteriam, frequentemente, cláusulas leoninas e ruinosas para o Estado. Isto foi confirmado por uma recente auditoria do Tribunal de Contas ao modelo de gestão, financiamento e regulação do setor rodoviário Relatório de Auditoria n.º 15/2012, 2.ª Secção (http://www.tcontas.pt/pt/actos/rel_auditoria/2012/2s/audit-dgtc-rel015-2012-2s.shtm, 30.05.2012).

[80] Realmente, apenas certos dos contratos, da responsabilidade de certos responsáveis políticos. É o caso da inusitada iniciativa do Automóvel Clube de Portugal que, em nome do interesse dos contribuintes, acionou membros do anterior governo socialista por gestão danosa na celebração destes contratos. As PPP estão viabilizadas pelo Decreto-Lei n.º 86/2003, de 26.04 (cf. http://www.dgtf.pt/parcerias-publico-privadas/as-ppp-em-7-questoes). É no governo Durão Barroso que se inicia a contratação de PPPs na área da saúde. No governo José Sócrates, segue-se em força a área dos transportes.

[81] V. antes nota 67.

Em contrapartida, outras prestações do Estado – nomeadamente, as que decorrem das políticas públicas do Estado Social, ou mesmo os salários do funcionalismo – estão fora desta área de garantia, ficando sujeitas à precarização. Segundo a jurisprudência recente do Tribunal Constitucional, teriam esta natureza os vencimentos e subsídios dos funcionários públicos, bem como as pensões dos reformados. Entre as duas categorias de situações subjetivas, há um espetro gradativo, que se pode ilustrar com os "direitos" da EDP, satisfeitos pelos consumidores. Aí há direitos contratuais (correspondentes aos custos da produção/distribuição e lucros) e diversos subsídios e rendas que o Estado garante, como contrapartida dos contributos da empresa para a realização de políticas públicas de vário tipo. Na lógica da anterior distinção, algumas destas prestações seriam inatacáveis (os custos e os lucros), caindo as outras (rendas e subsídios) na esfera das situações de privilégio (abusivas) que a revolução neoliberal visaria corrigir. O facto é que, com o argumento de que umas e outras ficaram contratualizadas entre a empresa e os consumidores e, por isso, se converteram globalmente em prestações contratuais, se tem afirmado ser inevitável respeitar a composição contratualizada do preço da energia, por esta constituir uma expectativa cuja frustração violaria o princípio da confiança.

Em suma, neoliberalismo e situação de crise traduzem-se num regime dualista relativamente à salvaguarda de situações jurídicas já constituídas. Em relação a umas – as privatísticas, que decorrem do funcionamento do mercado –, assiste-se a um reforço da sua securização, protegendo-as do risco político (alteração pelo Estado fundada no interesse público), do risco fiscal (novos impostos ou taxas), do risco económico (alterações das circunstâncias ou base negocial) e aumentando o formalismo negocial pela restrição dos regimes de proteção da parte contratual mais fraca, usuais no direito do trabalho, do consumo e da inquilinato, todos eles em fase de acentuada liberalização. Isto quer dizer que, na prática, os agentes negociais mais poderosos se livram de um duplo controlo estadual: por um lado, ficam imunes à invocação do interesse público para modelar ou alterar as cláusulas contratuais; por outro lado, recuperam a situação original do capitalismo selvagem, com uma quase plena liberdade de se valerem da sua posição de vantagem perante contrapartes mais fracas. O mito da igualdade negocial parece triunfar de novo sobre a realidade da desigualdade de facto, mesmo no país da União Europeia em que essa desigualdade social é a maior.

Esta precarização da situação jurídica dos direitos adquiridos sociais pode seguir-se na evolução da jurisprudência do Tribunal Constitucional.

Enquanto até há cerca de três anos, a sua orientação mais seguida era, por exemplo, a de salvaguardar os direitos às pensões da segurança social[82], tem prevalecido, desde 2011[83], a orientação oposta, adotando um entendimento

---

[82] V. antes nota 63 a nota 66.

[83] V. Parecer da PGR, (PGRP00000471, http://www.dgsi.pt/pgrp.nsf/7fc0bd52c6f5cd5a802568c0003fb410/6ed7db854e025959802566170041ef45?OpenDocument): n.° VI: "Na verdade, "o cidadão deve poder prever as intervenções que o Estado poderá levar a cabo sobre ele ou perante ele e preparar-se para se adequar a elas". "Deve poder con-

mais restrito do conceito de direitos adquiridos, não tanto pela modificação dos termos da distinção, mas por uma diferente avaliação da situação de facto. Tem-se ultimamente insistido, nomeadamente, em que não é razoável que os particulares criem expectativas fortes, estruturadoras, de planos de vida, ou de que as condições de atribuição das pensões sociais se manterão, pois nem sequer se poderia dizer que essa manutenção tenha sido a regra. Assim, poucas vezes se geraria aquela confiança prudente e determinante de planos futuros que é protegida pelo princípio da confiança. Por outro lado, tem-se insistido em que a garantia destes direitos nunca seria proporcional ao sacrifício de interesses públicos emergentes, como o saneamento das finanças ou da situação financeira da segurança social[84].

XIII. O Contexto da Argumentação de Crise

A secção final deste texto é dedicada, não ao direito "de crise", mas ao discurso de crise.

A ideia de crise contém elementos que bloqueiam a argumentação. Os mais importantes destes elementos são,

---

fiar em que a sua atuação seja reconhecida pela ordem jurídica e assim permaneça em todas as suas consequências juridicamente relevantes. Esta confiança é violada sempre que o legislador ligue a situações de facto constituídas e desenvolvidas no passado consequências jurídicas mais desfavoráveis do que aquelas com que o atingido podia e devia contar".

[84] Chaïm Perelman e Lucie Olbrechts-Tyteca, *Traité de l'argumentation – la nouvelle rhétorique*, 1958. Ed. usada, *Trattato dell'argomentazione. La nuova retorica*, com prefácio de Norberto Bobbio, Torino, Einaudi, 1989.

como se disse, o tópico da inevitabilidade (necessidade) das soluções e o do caráter supremo da situação. Perante a inexistência de alternativas e/ou a urgência das soluções (*salus publica extrema et iminens*), a discussão tornar-se-ia ou impossível ou absolutamente inconveniente. Apesar da contínua insinuação destes tópicos, o discurso jurídico de crise continua a ser argumentado. Todavia, a pertinência e eficácia dos argumentos tende a sofrer, neste contexto, importantes deslocações. Esse é o tema dos parágrafos seguintes.

No seu famoso tratado da argumentação[85], Chaïm Perelman destaca que o contexto da argumentação – o problema sobre o qual se argumenta, mas também a moldura cultural, política e social da argumentação – influencia o elenco dos argumentos, bem como o peso relativo destes[86]. Faz, por isso, sentido verificar de que modo este contexto macrossocial de crise se reflete na argumentação jurídica.

A crise a que nos referimos tem uma complexa caracterização e um perfil evolutivo no tempo. Não é preciso que a caracterizemos detalhadamente aqui, pois nos basta uma breve referência ao seu impacto no direito.

Ela nasce de um contexto que também é relevante, a da onda liberalizante dos anos 80 do séc. XX. O sociólogo do

---

[85] V. pp. 19 segs. e 101 segs.

[86] José Eduardo Faria *et alii* (coords.), "Direito e justiça no séc. XXI: a crise da justiça no Brasil", apresentação no Seminário *Direito e justiça no séc. XXI*, CES, 29 de maio a 1 de junho de 2003, em *Independência dos juízes no Brasil: aspetos relevantes, casos e recomendações*, Recife, Gajop, Bagaço, 2005, =http://www.gajop.org.br/arquivos/publicacoes/Independencia_dos_Juizes_no_Brasil-portugues.pdf, pp. 23 e 28.

direito José Eduardo Faria, num texto importante publicado há uns anos, caracterizou muito bem "as transformações qualitativas no direito positivo provocadas pela reestruturação do capitalismo e o impacto sobre os tribunais da integração transnacional dos mercados de consumos, bens, serviços e capitais". A sua análise, feita sobre a situação brasileira, pode ser estendida a outros cenários, como o português:

"A política econômica na América Latina, durante a última década do século 20, foi monotemática. Independente de suas origens ideológicas ou vertentes partidárias, praticamente todos os governos da região converteram a estabilidade monetária em premissa de suas respectivas gestões, tomando-a como base e justificativa para promover a abertura comercial, revogar monopólios públicos, privatizar serviços essenciais, institucionalizar a "responsabilidade fiscal" e implementar projetos de desconstitucionalização de direitos [...] Com isso, o Judiciário brasileiro permaneceu como na década anterior, sendo cada vez mais procurado por quem foi atingido por todas essas medidas. E, ao continuar decidindo favoravelmente a esses litigantes, em detrimento das medidas fiscais do Executivo, voltou a ter sua legitimidade sistematicamente questionada pela burocracia governamental e pelas "forças de mercado" com base num argumento simples: como pode almejar ter o direito à última palavra uma instituição que controla de modo quase total o acesso aos seus quadros e em cujo âmbito os valores da independência e da autonomia se sobrepõem a outros com os quais deveria compor, como os da eficiência, transparência e equilíbrio das finanças públicas ? [...] "*Quanto menor a estabilidade macroeconômica, maior a crise de governabilidade* – este seria, segundo os governantes, o efeito imediato que o "idealismo formalista" da magistratura os impediria de neutralizar. *Quanto maior a discricionariedade dos governantes, menor a certeza jurídica* – este, segundo a magistratura, seria o efeito corrosivo de uma "razão econômica", situada fora do domínio das determinações jurídicas e deixada sem um efetivo controle constitucional"[87].

Faria refere-se apenas à fase inicial de desregulação, que levou à crise. Por isso, as suas observações têm que ser complementadas com uma referência à fase de crise propriamente dita, em que a terapêutica neoliberal não só não desapareceu, como ainda foi potenciada pela ideia de que, face à gravidade da crise, tinha que ser aprofundada e acelerada. Realmente, por muito ilógico que isto possa parecer, o senso comum dos analistas económicos parece ter seguido a velha máxima homeopática "*similia similibus curantur*", segundo a qual um mal se cura com o mesmo princípio ativo que causou esse mal. Não oferece grandes dúvidas a ninguém que, na origem da crise de 2008 – que já se podia antecipar uma década antes, quando foram ensaiadas algumas medidas de regulação dos mercados (sobretudo, dos financeiros) –, estava a desregulação radical da atividade económica e a desproteção tanto dos agentes mais fracos no processo produtivo (trabalhadores, consumidores, pequenos aforristas) como do interesse público na

[87] Algumas delas deveriam ter ficado completamente desacreditadas pelo modo incompetente ou fraudulento como avaliaram a situação de grandes empresas financeiras norte-americanas; veja-se o que se passou com as auditorias da Ernst & Young ao Lehman Brothers' holding.

transparência, confiança e saúde da economia de mercado. Ora, face à crise, o receituário neoliberal foi o de tomar a sensibilidade dos "mercados" como o elemento decisivo de diagnóstico e de terapêutica, identificando como "mercados", não o equilíbrio de todos os agentes económicos, mas exclusivamente os interesses e pontos de vista dos grupos financeiros especuladores, que se manifestavam por meio dos movimentos da bolsa, das grandes empresas de consultoria e de auditoria contabilísticas (*the Big Four*)[88] e das agências de notação.

Daí que as mudanças estruturais da economia com impacto sobre o direito, a que se refere Faria, tenham permanecido, sendo ainda potenciadas na sequência da crise.

De facto, o que há de novo em relação à análise anterior é que, no contexto de crise, emergiu uma outra ideia com impacto no direito: a ideia de crise, como perturbação extrema. Já pela sua etimologia, crise refere um momento final e supremo de desarticulação global, pondo em causa a sobrevivência do todo e justificando medidas supremas e urgentes para o salvar[89]. Isto veio, em primeiro lugar,

[88] Etimologia: do latim, *juízo*, do grego *krisis*, de *krinein*, separar, julgar; indo-europeu *krei*, rutura, rutura sistémica (Hipócrates: um ponto da evolução de uma doença em que o paciente está entre a cura [reequilíbrio] e a morte [rutura definitiva do desequilíbrio]). Daqui, uma segunda linha de sentido: um momento de decisão [logo, o momento do juízo, da decisão entre vias opostas, da explicação da decisão]; crime, rutura da ordem, reposição da ordem (pena, purificar, preço do sangue). Em alemão, "kriseln", que só aparece impessoalmente – "es kriselt": está iminente e ameaçadora uma crise, difícil e decisiva.

[89] Para esta questão no liberalismo oitocentista, William J. Novak, *People's welfare. Law and regulation in 19th century's America*, The North Caro-

revestir de caráter de urgência e de imperiosa necessidade pública as medidas de desregulação e de ataque a expectativas que já vinham de trás, mas cuja realização jurídica agora se vê facilitada pela possibilidade de invocar a "suprema salvação pública". Na verdade, o novo elemento central do senso comum estabelecido, no seu confronto com o direito, é este da iminência e urgência – ou mesmo, da inevitabilidade – das medidas anticrise de recorte neoliberal.

Podemos, portanto, organizar a análise do contexto da argumentação em torno de dois eixos: o impacto sobre a argumentação jurídica (i) da cultura neoliberal e (ii) o impacto da cultura "de crise".

XIV. O Contexto Argumentativo Neoliberal

Já antes se disse que o contexto neoliberal tem um tom revolucionário, de subversão de instituições e posições adquiridas que impediriam a plena liberdade dos mercados. Estas situações não são as que o liberalismo clássico protegia – as posições adquiridas pela lógica dos mercados e garantidas pelas instituições próprias destes (propriedade, contrato)[90] –, mas as posições garantidas pelo Estado na vigência do modelo de Estado Social. Daí que, como já se disse, este radicalismo revolucionário seja seletivo em rela-

---

lina University Press, 1996. Para Portugal, A. M. Hespanha, *Guiando a mão invisível. Direitos, Estado e lei no liberalism monárquico português*, Coimbra, Almedina, 2004.

[90] V. pp. 94 segs.

ção às situações garantidas, concretizando-se na garantia de certos direitos e na precarização geral de outros. Paralelamente, o princípio da confiança abrange a propriedade e os direitos provindos de contratos entre particulares, mas não as prestações sociais do Estado.

XV. O Contexto Argumentativo "de Crise"

Já antes se disse que o conceito de crise remete para a ideia de perturbação suprema dos equilíbrios. Isto promove as ideias de que a crise representa uma situação única nunca experimentada e irrepetível no futuro (ou porque se supera, ou porque destrói tudo). E, com isto, cria um ambiente argumentativo favorável àquilo que Ch. Perelman chama o "lugar da qualidade"[91], ou seja, uma constelação de argumentos que se tiram a partir da natureza diferente, nova, da situação. Os argumentos tirados da qualidade apontam para o caráter revolucionário da situação de crise e das medidas que lhe visam responder. Estas destacar-se-iam da normalidade, do estabelecido, do habitualmente consensual, realçando que, perante a excecionalidade da situação, a resposta tem que abandonar os formatos estabelecidos pelo maior número, repousando na autoridade dos (poucos) melhores. Em contrapartida, o lugar da quantidade destaca a preferência pelo normal, pelo que acontece o mais das vezes, pelo estabelecido e permanente, o consensual, o previsível, aquilo em que se confia.

---

[91] Como a garantia de salários mínimos, de períodos de descanso, de indemnizações por despedimento.

Estes dois lugares têm protagonizado a argumentação jurídica "de crise". Normalmente, os que argumentam a favor das soluções jurídicas ordinárias usam argumentos produzidos a partir do lugar da quantidade. Insistem na justiça distributiva, no que ela tem de observância do princípio da igualdade, encarada sincronicamente ("tratar igualmente as situações atuais iguais") ou encarada diacronicamente ("não alterar o estabelecido", "respeitar o adquirido", "agir de forma previsível", "não frustrar a confiança"). Por sua vez, os que defendem soluções extraordinárias para o momento de crise salientam como esta é qualitativamente diferente, não podendo ser comparada (equiparada) à situação ordinária, exigindo soluções desiguais, novas, imprevistas. O princípio da justiça não desaparece totalmente; mas, aqui, a justiça que se evoca é a justiça distributiva, muito próxima da "graça", cuja única fronteira relativamente à injustiça é que, embora não deva obedecer às regras da justiça ordinária (ou distributiva, simplificando um pouco), não pode ser completamente desregrada, ou arbitrária. Esta é, sem dúvida, a grande diferença tópica entre as duas posições do discurso "de crise".

Note-se que, também aqui, a argumentação a favor da crise utiliza seletivamente os dois lugares. De facto, o lugar da quantidade, sobretudo o argumento da habitualidade e da confiança, são usados para defender aqueles que têm posições formalizadas em contratos. Neste domínio do formalmente contratado, os que defendem medidas excecionais de precarização para posições estabelecidas e previsíveis mas não formalmente contratadas (*v.g.*, prestações ou garantias sociais[92] do Estado), já argumentam com a quantidade (previsibilidade, confiança) para situações fixadas por contrato. Aqui, todos os argumentos se baseiam na "santidade dos contratos", na "confiança dos parceiros privados do Estado", na inalterabilidade da "base negocial". Esta dualidade de usos do lugar da qualidade dá, por sua vez, lugar ao recurso, pelos adversários, a um segundo nível do lugar da quantidade: tem que haver um uso consistente dos argumentos; se se usa um argumento nuns casos, ele deve ser usado também nos outros casos em que é igualmente pertinente.

XVI. A Estrutura Interna dos Argumentos "de Crise"

Detalhemos um pouco este contexto argumentativo, bem como alguns dos "lugares" argumentativos e os argumentos que aí têm a sua sede[93].

(a) O lugar da estabilidade e da confiança

Podemos antecipar que a emergência de uma situação imprevista e extrema afetará, em primeiro lugar, os argumentos que se podem tirar a partir do "lugar da quantidade"[94].

---

[92] Lugares e argumentos são conceitos da retórica, cujo sentido se pode conferir na citada obra de Ch. Perelman.

[93] Ch. Perelman, *Traité* ..., cit., p. 91.

[94] O que quer dizer momento da sua constituição? Em que se geraram expectativas? Em que se teriam gerado expectativas para uma

Por um lado, a perceção da volatilidade das situações converterá a estabilidade de situação normal em situação anormal e, com isso, tenderá a circunscrever o âmbito da previsibilidade e da confiança. Assumindo que se está numa situação de crise, inverte-se o ónus de argumentar, recaindo agora, não sobre quem invoca a qualidade anormal da situação, mas sobre quem pretende que se está numa situação ordinária, da mesma qualidade que a anterior. Assim, todos os argumentos que assentam na presunção de normalidade ou continuidade tendem a enfraquecer. É o que acontece com a argumentação a partir:

- Da bondade de manter as situações;
- Da consolidação das situações perfeitas (adquiridas [direitos adquiridos], julgadas [caso julgado], estabelecidas [estabilidade das coisas decididas, força normativa do habitual, do costumado]);
- Da assimilação entre o real e o previsível;
- Do respeito alargado pelas expectativas.

Mais indiretamente, esta degradação da "normalidade" desvaloriza os argumentos a partir da forma, a partir da generalidade, a partir das regras e dos princípios. Pois as situações de crise tornam mais importante a substância concreta de cada situação, a sua particularidade ou diferença, a sua singularidade. Em geral, perdem os argumentos tirados do princípio da confiança e da igualdade.

---

pessoa prudente? Em que se adquiriram direitos (contratualmente, por ato constitutivo de direitos)? Direitos originários (fundamentais)?

Em contrapartida, a perceção de que o imprevisto e o extraordinário se tornaram na regra leva a dar mais peso aos argumentos a partir:

- Da mudança;
- Da imprevisibilidade;
- Da singularidade.

Mais indiretamente, a crise valoriza os argumentos a partir da substância, a partir da equidade como juízo concreto, a partir das circunstâncias do caso, a partir da inovação (da revolução). Em princípio, ganham força os argumentos tirados do princípio da proporcionalidade, como comparação dinâmica da substância das situações.

O lugar da igualdade, que inclui o argumento da confiança, pertence à categoria dos lugares meta-legalistas, porque pressupõe que o direito obedece a princípios essenciais, que escapam à vontade do legislador. Um destes princípios seria o de que devem ser respeitadas as espectativas jurídicas existentes, para certas pessoas, no momento da constituição de um estado jurídico. Independentemente da ulterior determinação do conteúdo de duas cláusulas (certas pessoas, constituição[95]) deste enunciado, o princípio

---

[95] Esta oposição entre ordinário e extraordinário é muito antiga no direito ocidental. Já os romanos distinguiam entre magistraturas ordinárias (próprias de tempos "de ordem", reguladas pelo direito), de magistraturas extraordinárias (próprias de tempos "de exceção", não reguladas, ou seja, reguladas pela avaliação política das situações. Mais tarde, tem o mesmo sentido a oposição entre "justiça" e "graça"; v. António M. Hespanha, "Les autres raisons de la politique. L'économie de la grâce", em J.-F. Schaub (ed.), *Recherches sur l'histoire de l'État dans le monde*

autoriza argumentos como "o que vale em geral deve valer no particular" (argumento *a genero ad speciem*), "o que valeu antes deve valer depois" (argumento *ab iudicato ad iudicandum*), bem como os argumentos *a simile*, *a pari*, *ab exemplo*. Estes argumentos podem ser qualificados (restringidos) pelas cláusulas *ceteris paribus*, *rebus sic stantibus* e *mutatis mutandis*. Ou seja, pode ser estabelecida uma condição de validade do argumento, que consiste ou (i) em que ele só é válido se o contexto factual (da hipótese) se mantiver igual (*ceteris paribus*, *rebus sic stantibus*); ou (ii) que a estatuição deve ser modificada em correspondência com as modificações que ocorram na hipótese (*mutatis mutandis*). São estas cláusulas – que abrem para a consideração da qualidade – que são potenciadas na situação de crise.

O lugar da confiança é um lugar *conservador* e meta-legalista (anti-decisionista). Na sua formulação mais forte, consolida as soluções jurídicas (estatuições), pois não prevê ou desconsidera a relevância das alterações dos factos (da hipótese). Na sua formulação mais fraca, especifica que a estabilidade da hipótese foi pressuposta, apenas proibindo a alteração do *conteúdo normativo*, ao proibir, como arbitrária, a modificação da relação existente entre os factos e a solução jurídica. Supondo, porém, a alteração da solução

---

ibérique (15e.-20e. siècles), Paris, Presses de l'École Normale Supérieure, 1993, pp. 67-86; também em Pierangelo Schiera (org.), *Ragion di Stato e ragione dello Stato (secoli XV-XVII)*, Nápoles, Istituto Italiano di Studi Filosofici, 1996, pp. 38-67; versão castelhana de A. M. Hespanha, *La gracia del derecho*, Madrid, Centro de Estudios Constitucionales, 1993 ; versão portuguesa, A. M. Hespanha, *A política perdida. Ordem e governo antes da modernidade*, Curitiba, Juruá, pp. 85-110.

jurídica se os factos mudarem: a estatuição será diferente só e sempre que a hipótese for diferente. É justamente esta imutabilidade do conteúdo normativo que limita o legislador, ao impedir que possa ser considerada uma modificação da norma por um ato imprevisível, arbitrário, de vontade do legislador.

Na sua formulação forte, o argumento é formalista, pois considera que a categoria formal que define a hipótese é fixa (ou insensível às alterações do contexto). Na sua formulação fraca, o argumento é substancialista, pois a realidade concreta (o contexto) é relevante para a definição da hipótese. No primeiro caso, o âmbito (domínio da função) da estatuição é insensível ao contexto; no segundo caso, pelo contrário, é sensível a este. Na formulação forte, o princípio da confiança não é hoje aceite. Em contrapartida, caracterizava os direitos formalistas, como o *ius civile* romano, no qual, por exemplo, a *actio ex stipulatu* era concedida independentemente das circunstâncias concretas da declaração negocial (*stipulatio*: *metus*, *dolus*, *error*), tendo sido apenas o direito pretório que introduziu expedientes (*v.g.*, *exceptiones*) que permitiam tornar relevante o contexto para negar, em função dele, a concessão da ação.

No contexto de uma situação de crise, o princípio da confiança favorece a manutenção do direito e das soluções jurídicas anteriores à crise, pois seria nessa base que as pessoas tinham definido os conteúdos e consequências das situações jurídicas em que estavam. Na formulação mais fraca, as expectativas têm por base a manutenção do contexto, mas já não a sua alteração anormal e imprevisível, pelo que, ocorrendo uma alteração extraordinária das circunstâncias, a alteração da solução jurídica não ofenderá essas expectativas. Tal alteração corresponderá até a uma das formulações do princípio (versão *mutatis mutandis*): uma alteração (grave e não previsível) das circunstâncias provoca uma alteração da solução.

(b) O lugar da igualdade

O lugar da igualdade também é um lugar meta-legalista, que pressupõe que o direito obedece a princípios superiores à vontade do legislador, um dos quais o respeito pela igualdade. O respeito pela igualdade determina que as situações iguais (hipóteses) tenham a mesmo solução jurídica (estatuição) e, *a contrario*, que (só) situações diferentes tenham (sempre) soluções diferentes. Deste princípio decorrem os argumentos *a pari*, *a simile* (*analogia*), bem como o argumento *a contrario*. Neste princípio existe a indeterminação quanto ao que é igualdade, ou seja, sobre qual o conjunto dos atributos relevantes para determinar a igualdade de situações. Como a igualdade implica a definição de uma espécie (dentro da qual as situações concretas são iguais), a formulação antecedente equivale a dizer que a determinação do sentido de igualdade consiste em definir a identidade da espécie de hipóteses a que deve corresponder a mesma estatuição.

O princípio da igualdade relaciona-se com o princípio da confiança na medida em que as expectativas também assentam na igualdade das soluções para hipóteses iguais.

Por isso, também é um princípio conservador que impede que, por razões conjunturais ou de oportunidade, de política, se introduzam diferenças no tratamento de situações iguais. Neste sentido, o aumento do número de atributos exigidos para se definir a igualdade (ou a restrição do âmbito da espécie que determina a igualdade de tratamento) aumenta as possibilidades de introduzir distinções na solução (estatuição). Assim, se a espécie que define a identidade da solução for "trabalhadores da função pública", há a possibilidade de discriminar entre estes e outros "credores de prestações pagas pelo Estado". Se a espécie for esta categoria obrigará ao tratamento igual dentro dela, mas permitirá discriminar em relação a outros "credores de prestações", "titulares de rendimentos", "titulares de fortuna", etc..

A natureza mais ou menos formalista do princípio decorre, justamente, do âmbito da espécie considerada como importando igualdade. Quanto maior for este âmbito, mais formalista é o princípio, bem como os argumentos dele tirados. E vice-versa.

Num contexto de crise, o uso deste princípio pode ter diferentes sentidos políticos. Se se estabelecem obrigações (pagar impostos, sofrer cortes de rendimento de prestações, como salários e outros subsídios), a maior generalidade implica uma maior indiscriminação e, logo, uma maior correspondência com a suposta generalidade dos efeitos da crise ("se a crise é do todo, todos devem ser afetados por ela"). Uma menor generalidade leva a uma particularização dos sacrifícios impostos, contrastante a suposta universalidade da crise ("por que é que apenas poucos contribuem para o bem de todos"?). Mas, por outro lado, tratando-se de classes (espécies) definidas pelo volume dos rendimentos, a maior generalidade leva a uma maior desatenção às diferenças materiais entre pessoas que estão sujeitas à mesma obrigação formal e, logo, a uma imposição regressiva e materialmente desigual ("porque é que pessoas de posses diferentes estão obrigadas à mesma contribuição?"). Assim, neste caso particular, conflituam dois usos do princípio da igualdade – um uso orientado pela forma e outro orientado pela substância.

(c) O lugar da qualidade e o argumento da proporcionalidade

O lugar da qualidade cruza-se com o da quantidade na geração do argumento da proporcionalidade. Este também é um argumento meta-legalista, que se impõe ao legislador. Ele estabelece que deve haver uma correspondência entre a situação e a solução jurídica. Ou seja que as caraterísticas ou atributos da solução devem corresponder a características ou atributos da situação (a pena deve ser proporcional ao crime; os sacrifícios devem corresponder às vantagens). Ou que a diferenças nas situações devem corresponder diferenças nas soluções (os impostos devem ser proporcionais aos rendimentos). Tanto na primeira como na segunda formulações parece que existe uma violação da lei de Hume (*ought to be – to be; Sein – Sollen*), ao comparar situações (do mundo do ser) com prescrições (do mundo do dever ser).

O princípio da proporcionalidade – que está relacionado com os argumentos *a minore* e *a maiore, a proportione*, embora não os esgote – pode constituir um passo ulterior ao princípio da igualdade. Uma vez estabelecido que situações diferentes devem ter soluções diferentes, acrescenta-se agora que essas diferentes soluções devem respeitar a proporção entre as diferentes situações. Ou seja, deve-se discriminar entre situações diferentes e, além disso, essa discriminação deve corresponder à diferença das situações, calculada por uma espécie de regra de três.

Superar a indeterminação deste princípio consiste em saber como se calcula a proporção entre a situação e a solução jurídica *(i)*. Ou entre as diferenças entre situações e diferenças entre soluções *(ii)*.

O princípio da proporcionalidade conduz a argumentos substancialistas, pois convida ao exame da natureza substancial e concreta das situações e das soluções. Mas supõe que essas situações ou soluções podem ser avaliadas e comparadas (sejam comensuráveis). Se se chegar à conclusão de que uma delas não pode ser avaliada, por ser desmedida ou incomensurável (*in homine libero nulla corporis aestimatio fieri potest*; *salus publica suprema lex est*), o juízo de proporcionalidade não pode ter lugar, triunfando sempre as exigências normativas do valor incomensurável.

Num contexto de crise, o argumento da proporcionalidade pode ser usado ou para apoiar a repartição igual dos sacrifícios, porque a crise seria igual para todos, ou a diferenciação dos sacrifícios, segunda o diagnóstico que se fizer *(i)* dos diferenciados impactos negativos da crise (em proporção inversa), *(ii)* dos impactos positivos da sua superação (em proporção direta), *(iii)* das responsabilidades pela crise (em proporção direta). Vale também o argumento a partir da comparação entre os custos e os benefícios. Neste caso, o contexto de crise – de uma crise que se caracteriza como final e suprema, pondo em perigo tudo – pode servir para justificar o aumento dos sacrifícios até ao limite máximo, salvaguardando apenas o mínimo exigido por direitos fundamentais, não tanto porque a crise também não os ponha em causa, mas apenas porque o direito positivo não os pode sacrificar. Porém, pode mesmo acontecer que a crise seja tida como justificando até mesmo a violação de direitos fundamentais, consistindo na geração de uma espécie de estado de necessidade (ou de exceção, ou de impossibilidade fáctica) que desobriga o Estado de obedecer a qualquer direito, transformando os atos do poder em decisões ou livres ou absolutamente vinculadas à necessidade ("Repito: não há dinheiro! Qual das três palavras é que não entendeu") ou uma norma suprema e necessária – a suprema salvação pública.

XVII. Aspetos Pragmáticos da Argumentação "de Crise"

Acabamos de esboçar de que modo a crise não só pode pôr em crise o caráter argumentado do direito, mas modifica por dentro a argumentação. Assim, não apenas tem impacto na política do direito ("que direito legislativo deve ser determinado"), como também o tem na construção de soluções doutrinais, cuja legitimidade reside na plausibilidade que decorre da argumentação.

Neste contexto argumentativo "de crise", a (má) normalidade é representada pelo direito estável, sendo a boa e extraordinária solução suportada pela política ou por um direito subversivo, apoiado numa "legalidade de crise" ("legalidade revolucionária"). Faria descreve este processo de substituição do direito pela política (oportunidade política) ou pela economia (inevitabilidade económica) como um processo de "desdiferenciação do poder", em que as razões do direito são ditadas por outros níveis do poder (a política ou a economia).

No plano do direito, isto significa deslocar as fontes do direito da razão jurídica para a razão política, obrigando os juristas a uma de duas coisas. Ou a usar argumentos de oportunidade política ou a remeter, passivamente, para as decisões do legislador, como instância adequada de resolução das questões políticas num Estado democrático.

A primeira opção conduz os juristas para um campo minado. Por um lado, eles não dispõem, na sua formação nem no seu argumentário específico, de instrumentos de conhecimento e de retórica adequados a lidar com a avaliação política das situações. Concretamente, um tribunal não dispõe de bases de informação, de tempos de decisão, de modelos de argumentação, próprios para avaliar, decidir e justificar opções de natureza política. E, se os tivesse, entrar por este caminho da decisão política afetaria o prestígio público específico dos tribunais, que assenta em conhecimento e argumentos de outro tipo. Por outro lado, nestas condições, a assunção de modelos políticos de decidir e de fundamentar a decisão conduz à usura pública da justiça, ou por usurpar atribuições que pertencem a outro poder dotado de uma legitimidade mais adequada, ou por constituir um sintoma de "politização da justiça", uma situação em que esta abandona o seu plano autónomo de debate e passa a constituir uma peça do jogo político. A crítica política a que o tribunal se expõe tanto pode ser a de que está ao serviço do legislativo, a quem teria hipotecado a sua autonomia, ou a de que teria usurpado atribuições deste, transformando-se numa "força de bloqueio", ainda por cima irresponsável, porque não tem que arcar com a tarefa de construir uma alternativa política para as soluções legislativas que inviabilizou.

Uma alternativa seria a de procurar justificar por meios jurídicos as opções em circunstâncias de crise, embora remetendo para um direito que está acima do decisor político, um direito suprapositivo. Já que o direito positivo estabelecido, que é pensado para a estabilidade do normal, seria insuficiente e inadequado para as situação extraordinárias[96]. Esta remissão "para cima" permitiria à justiça recuperar a sua função de "julgar em direito", reavaliando também "em direito" e argumentando correspondentemente – e não segundo critérios e argumentos políticos arbitrários – as decisões do legislador. Este direito seria um direito suprapositivo, um direito global: o direito comunitário, o direito "dos mercados" ou um direito "dos princípios" ínsitos numa ordem jurídica imanente à atividade económica neoliberal[97]. Neste caso, o peso da argumentação concentra-se na questão do âmbito da crise e das suas consequências jurídicas, pois é aqui que se decide da ques-

---

[96] Nomeadamente, o princípio da confiança, entendido como salvaguarda da "confiança dos mercados" (de certos agentes dos mercados), mas não como um princípio que garante todos os titulares de expectativas.

[97] Uma situação que se pode observar na jurisprudência suprema brasileira: "entre 1990 e 1994, 23,18% dos casos decididos pelo Supremo Tribunal Federal trataram exclusivamente de técnicas processuais e em 36,37% a corte empregou argumentos de direito processual como fundamentação de suas sentenças", escreve J. E. Faria, na versão original do seu artigo, citando Marcos Faro Castro. "Los tribunales, el derecho y la democracia en Brasil". em *Revista Internacional de Ciencias Sociales*, Paris, Unesco, 1996 (=http://jovenespt.blogspot.pt/2011/01/los-tribunales-el-derecho-y-la.html). Em Portugal, um exame cursório das decisões dos tribunais de recurso comprova o mesmo.

tão da escala do ordenamento jurídico pertinente. O caráter global das causas ou dos efeitos, os efeitos externos das medidas internas, a compatibilidade entre os direitos ou expectativas "locais" e os seus efeitos globais, tais são algumas das peças argumentativas que ocorrem.

Uma outra alternativa seria declarar que a situação a regular escapa ao direito, por ser antes decidida pela necessidade dos factos, tema que já foi abordado. O direito como ponderação é substituído por um direito sem ponderação, numa situação em que os fatores de decisão são imponderáveis (ou incomensuráveis) e não argumentáveis. Neste caso, toda a argumentação recai sobre a verificação ou não de um estado de inevitabilidade fáctica. Além do caráter construído da "necessidade" (inevitabilidade), há aqui um outro problema, o da intransponibilidade da barreira entre "ser" e "dever ser". Embora isto não tenha constituído um obstáculo a que esta linha venha a ser adotada, ingénua ou fraudulentamente ("não há dinheiro ... não há direitos"!).

Se não se remeter para estas ordens superiores de direito, a avaliação, a argumentação e a resolução podem, apesar de tudo, ser feitas com referência ao direito ordinário. Basta que, por causa do princípio do direito democrático, o julgador se remeta ao respeito das avaliações e razões do legislador, como entidade dotada do melhor "pedigree" num Estado democrático. Nesse caso, a argumentação abandona ao legislador a política, o plano de discussão da substância das soluções, e desloca-se para questões de correção formal da lei ou da sua interpretação. Se o caminho for este, as decisões judiciais adquirirão um estilo processualista ou "praxista": ou se resolve a questão com base em argumentos processuais e formais[98], ou com base na autoridade de decisões judiciais anteriores. Este recorte formalista pode documentar-se muito bem nos acórdãos já citados do Tribunal Constitucional [99] sobre a constitucionalidade de medidas de redução ou suspensão de prestações do Estado. Sem discutir os méritos políticos desta postura por parte do judicial, observa-se que ela corresponde ao modelo de argumentação do positivismo legalista ou do Estado de Direito oitocentista, mas não ao modelo argumentativo do chamado Estado Constitucional dos finais do séc. XX.

XVIII. A Argumentação na Jurisprudência Constitucional

As secções anteriores permitiram enquadrar as estratégias argumentativas de recentes acórdãos do Tribunal Constitucional, proferidos sobre legislação "de crise". A peça mais rica em argumentação é o acórdão de n.° 613/2011[100]. O que estava em discussão era a constitucionalidade de certos artigos da Lei do Orçamento de Estado para 2011, nomeadamente enquanto ela estabelecia regras de âmbito nacional sobre vencimentos de cargos políticos e de funcionários públicos[101] e sobre outras matérias finan-

---

[98] Acs. do TC N.° 613/2010, de 13/12/2010, rel. José Cunha Barbosa, e n.° 396/2011, de 21/09/2011, rel. J. Sousa Ribeiro.

[99] Já citado.

[100] Reduzidas as remunerações totais ilíquidas mensais

[101] Orientação, direção, coordenação e fiscalização das empresas públicas, mobilidade interna de trabalhadores de órgãos e serviços das

ceiras (designadamente, empréstimos de entidades públicas)[102]. A entidade recorrente era a Assembleia Legislativa da Região Autónoma de Madeira, que defendia que tais artigos violavam garantias estatutárias das regiões autónomas consagradas na Constituição da República[103] e que, por isso, pediu a declaração prévia da inconstitucionalidade dessas normas.

A argumentação recorreu sobretudo aos lugares da igualdade e da proporcionalidade.

O princípio da igualdade apresenta duas faces: a da generalidade, que manda tratar igualmente as coisas iguais, e a da especialidade, que manda tratar desigualmente as coisas desiguais.

Por parte dos defensores das teses autonómicas, foi usado o argumento *a contrario*, segundo o qual a parte excecional deve ser tratada de forma excecional; ou simplesmente o argumento *a differentia*, segundo o qual as coisas diferentes devem ser tratadas diferentemente. Em termos de teoria das normas, ambos os argumentos confluem na

---

administrações regionais, dever de informação sobre recrutamento de trabalhadores.

[102] Redução remuneratória; contratos de aquisição de serviços; mobilidade de trabalhadores de órgãos e serviços das administrações regionais e autárquicas; dever de informação sobre recrutamento de trabalhadores nas administrações regionais; necessidades de financiamento das regiões autónomas, da Lei n.° 55-A/2010, de 31 de dezembro (Orçamento do Estado para 2011)."

[103] Normas constantes dos artigos 19.°, n.° 9, alíneas h), i), q) e t) e n.° 11, 22.°, n.° 1, parte final da alínea b), 30.°, 40.°, 42.° e 95.°, n.° 1, da Lei n.° 55-A/2010, de 31 de dezembro (Orçamento de Estado para 2011).

máxima de que a norma especial (o artigo da constituição que consagrou as reservas estatutárias) tanto revoga a norma geral (no caso, o princípio da igualdade, consagrado na Constituição) como não é revogada por esta (no caso, pela lei geral que aprova o orçamento de Estado). Por parte dos defensores da constitucionalidade da lei geral, insinuou-se o argumento de que todas as partes do todo devem ter o mesmo tratamento (*a toto ad partes*) e, em termos jurídicos, da prevalência da lei geral sobre a especial. Mas apenas porque se considerava que o caráter geral e extremo da situação suspendia a diferenciação entre as partes do todo. Ou seja, o argumento da generalidade só funcionava combinado com o argumento da suprema salvação do todo (*salus populi suprema lex est*). Isto mostra como o argumento da igualdade, tal como o da confiança, não é valorizado pela conjuntura de crise.

Já o argumento da proporcionalidade é potenciado por esta conjuntura.

A argumentação do acórdão segue duas linhas.

Uma primeira linha de argumentação tende a discutir se as medidas de austeridade tomadas a nível nacional pela Lei do Orçamento de Estado violam ou não a autonomia regional, estabelecida na constituição.

Neste plano, os defensores do "centralismo" ("nacionalismo") reduzem o âmbito do domínio da reserva de estatuto, de modo a que esta não seja ofendida pelas normas orçamentais gerais, na esteira do que já fizera um acórdão anterior sobre o tema[104]. Ou procuram mesmo demonstrar

[104] Ac. n.° 251/2011, em que se questionava a admissibilidade das reduções remuneratórias de 5% impostas, pelas alíneas *g)* e *h)* do n.° 2

que esta reserva é, naturalmente (sempre que não for claramente estabelecido o contrário), inexistente[105], como contraponto de um poder estadual expansivo e de domínio indefinível[106]. Inversamente, (os "autonomistas") alar-

do artigo 11.° da Lei n.° 12-A/2010, de 30 de junho, aos "deputados às Assembleias Legislativas das regiões autónomas" e aos "membros dos governos regionais", precisamente à luz da reserva de estatuto estabelecida no artigo 231.°, n.° 7, da Constituição. Nele se decidiu pela não inconstitucionalidade das mencionadas reduções remuneratórias, fazendo uma distinção entre "*regime remuneratório*" e "*fixação do montante da remuneração*".

[105] A competência genérica do órgão legislativo seria "conatural à própria natureza e sentido histórico da assembleia representativa" (Gomes Canotilho e Vital Moreira, *Constituição da República Portuguesa Anotada*, 4.ª ed., vol. II, Coimbra, 2010, p. 290). Pois, "de acordo com os princípios democrático-representativos convencionais, a ela [à Assembleia da República] devia caber em princípio toda a competência legislativa e nenhum domínio lhe estaria vedado". Tais princípios sofrem um desvio pelo facto de as Assembleias Legislativas das Regiões Autónomas gozarem concorrencialmente de poderes legislativos no seu domínio próprio de atuação, nos termos dos artigos 227.°, n.° 1, e 228.° da Constituição (ver, novamente, Gomes Canotilho e Vital Moreira, *loc. cit.*)" Acrescentando que "o território da Região é também (ou em primeira linha) território do Estado, nele vigorando simultaneamente a ordem jurídica estadual e a ordem jurídica regional, só se podendo considerar como integrando o âmbito desta (o "âmbito regional") a regulação de situações que não afectem, atentas as pessoas (designadamente, pessoas colectivas públicas) envolvidas e os interesses e valores em jogo, a ordem jurídica nacional. [...]" (n.° 7.2).

[106] "Matérias reservadas à competência própria dos órgãos de soberania são, afinal, a reserva de competência legislativa do Estado, compreensivelmente furtada à intervenção regional. Integram-na desde logo, explicitamente, as que constituem a competência própria da AR, recortada nos arts. 161.°,164.° e 165.° [...]. Mas esta reserva da República

gam este âmbito da garantia de especialidade do direito regional.

Do ponto de vista argumentativo, a discussão organiza-se, portanto, em torno do âmbito da exceção em relação à regra, procurando os autonomistas alargar o âmbito da exceção e os centralistas diminui-lo. Estruturalmente, esta discussão tem semelhanças com a discussão em torno da oposição norma geral/estatuto pessoal particular ou garantia de direitos adquiridos/normas conjunturais restritivas ou mesmo, mais mediatamente, direitos/lei, situações ordinárias/situações extraordinárias.

Uma segunda linha de argumentação ocupa, porém, um lugar retórico central. Esta incide sobre a influência que teria, sobre os princípios jurídicos estabelecidos, a emergência de um fator extraordinário, total e supremo – a crise.

É por isso que os argumentos a partir da crise insistem na ideia do caráter global, decisivo e urgente da situação[107].

---

não pode limitar-se a estas matérias devendo abranger *por inerência* outras matérias que não podem, *pela sua natureza eminentemente nacional*, ser reguladas senão por órgãos legislativos do Estado" (n.° 7.2., Gomes Canotilho e Vital Moreira, *Constituição da República Portuguesa Anotada*, vol. II, Coimbra, 2010, p. 661).

[107] "No caso, estamos perante uma medida legislativa que almeja dar uma resposta institucionalmente abrangente a um problema de emergência orçamental e financeira de amplitude nacional e que no entender do legislador parlamentar, enquanto órgão democrático representativo do Estado unitário, só é suscetível de ser combatido com base em medidas de âmbito nacional" (Ac. 613/2011, n.° 7.2); "Uma medida como a da redução remuneratória só é adoptada quando estão em causa condições excepcionais e extremamente adversas para a manutenção e sustentabilidade do Estado Social. [...]" (*ibid.*).

O primeiro efeito retórico deste argumento é o de potenciar os argumentos "centralistas"/"nacionalistas". Ao carácter geral (global, nacional) dos riscos somar-se-ia o seu carácter crítico, isto é, supremo, afetando a sobrevivência do todo. Daí a necessidade e urgência de respostas gerais, afetando todos e exigindo a cooperação de todos. Só assim haveria proporcionalidade entre os remédios e a crise.

Mas, para além disto, a natureza da crise proporciona a construção de uma ulterior e mais importante linha de argumentação, relacionada, agora, com o princípio da proporcionalidade e com os argumentos que dele se podem extrair.

Já a adesão de Portugal à UE teria afetado a proporcionalidade, ao introduzir mais uma escala de avaliação das situações e das soluções – a escala europeia. Por isso, depois da adesão, o juízo de proporcionalidade entre situações e soluções já obrigava não apenas a considerar os níveis regional e nacional, mas também o nível europeu. Isto desequilibraria o juízo de proporcionalidade em desfavor da escala regional, pois certos interesses do Estado convertem-se em interesses supra-estatais, em virtude das obrigações internacionais assumidas pelos tratados constitutivos da UE[108]. E, com isso, agravar-se-ia a desproporção entre os interesses globais e os interesses regionais pela introdução de mais um degrau entre uns e outros.

108 "O Estado Português, com a assinatura do Tratado da União Europeia, assumiu novos compromissos internacionais, no que respeita aos défices orçamentais e ao peso da dívida pública no Produto Interno Bruto, sendo os valores de referência avaliados em termos consolidados para o conjunto do território nacional" (v. Ac. 624/97).

Com a crise, porém, estar-se-ia perante um nível de valores que se situaria para além destas escalas. Estar-se-ia perante valores *últimos*. O caráter supremo da situação[109] reclamaria (tornaria proporcionais) apenas soluções também supremas (*i.e.*, incomensuráveis com outras considerações)[110]. Perante a suprema hierarquia e a máxima generalidade dos interesses em jogo e perante a magnitude e urgência das medidas necessárias para os salvaguardar, perder-se-ia a comparabilidade (a comensurabilidade) com todos os outros interesses. O caráter último da crise faria com que a escala global, nacional, se tornasse despro-

---

[109] "Embora se possa argumentar que a evolução do mercado de dívida soberana, em especial nos países do sul da Europa, se possa explicar, em parte, por movimentos de contágio, deve igualmente reconhecer-se que ela traduz, em termos fundamentais, as vulnerabilidades estruturais apresentadas por alguns países das quais se salienta não apenas a sustentabilidade de médio/longo prazo das finanças públicas, como também o crescimento potencial, a competitividade, e os desequilíbrios macroeconómicos externos. Portugal não representa, neste contexto, uma excepção. Com efeito, nas últimas décadas, a economia portuguesa tem apresentado um hiato entre poupança e investimento, traduzido em sucessivos défices da balança corrente e, consequentemente, num acumular de dívida externa (p. 39)".

[110] "O comportamento dos mercados financeiros, no que respeita à concessão de crédito e à fixação das taxas de juros, depende da confiança que estes depositam na capacidade dos Estados e das entidades públicas com ele financeiramente relacionadas pagarem pontualmente as suas dívidas no momento do seu vencimento. Ora tal confiança assenta, desde logo, na credibilidade financeira que os Estados demonstram não apenas indirectamente por via da competitividade das suas economias, mas também, directamente, por via da redução do seu défice público. É neste quadro que aparecem justificadas as reduções remuneratórias previstas no OE [...]" (n.° 7.2)

porcionalmente mais importante, anulando a escala local. A ponderação tornar-se-ia impossível, porque a perspetiva de avaliação se teria deslocado para um nível em que apenas emerge um interesse – o da suprema salvação pública. Com isto, a crise suspenderia o princípio de que a situações locais deveriam corresponder soluções locais (autonómicas) e precipitaria o primado do geral, proporcional ao caráter global dos problemas a resolver. E, com ele, todos os outros princípios de proteção do particular em relação ao geral.

Esta emergência absoluta do geral faria retroceder as intenções constitucionais de salvaguardar o particular, repristinando mesmo conceitos constitucionais "centralistas"/"nacionalistas", que antes se tinha desejado cancelar: "Poderia porventura dizer-se que uma tal posição restauraria, pelo menos em parte, a ideia de «leis gerais da república» que foi propositadamente eliminada do texto constitucional em 2004. Mas a verdade é que, não obstante o desaparecimento das leis gerais da república como categoria geral, não é sustentável, à luz dos fundamentos, finalidades e limites da autonomia regional enunciados nomeadamente no artigo 225.° da atual Constituição, a ideia de que *nunca, e em circunstância alguma*, possa haver medidas legislativas que muito embora não estejam textualmente no domínio da reserva de competência da Assembleia da República, sejam, *por motivos de relevante interesse nacional*, tomadas imperativamente para todo o território nacional" (n.° 7.2). Neste sentido, não é exagerado dizer-se, que o argumento da crise cancela o princípio da autonomia[111],

[111] Cf. http://www.inverbis.pt/2012/artigosopiniao/menezesleitao-defesa-extincao-tc3 [Menezes Leitão].

como cancela todas as manifestações dos princípios do pluralismo, do particularismo, das garantias estatutárias, da salvaguarda dos direitos adquiridos. Por isso é que, encarando as coisas de forma mais geral e contrastada, se pode dizer que o facto extraordinário da emergência da crise suspende o direito ordinário (constitucional) e abre um período de exceção.

Chegados a este estádio da argumentação, deveriam colocar-se todas as questões do "estado de exceção". O que é, quem define (decide de), e como, o interesse supremo ("quem é o garante último da constituição"?), quais são as medidas de salvação suprema e quem decide sobre isso? quais (se alguns) os limites destas medidas?

Embora algumas destas questões sejam aludidas noutros lados, neste acórdão elas são deixadas implícitas em formulações retóricas muito imprecisas, articuladas sobre conceitos acríticos, como "unidade nacional", "solidariedade nacional". É interessante ver como se evita, discursivamente, esta melindrosa questão política e dogmática.

A natureza, condições e conteúdo do estado de exceção, bem como a titularidade do poder durante ele, constituem um ponto central da teoria política da modernidade, um seu autêntico paradoxo. Embora seja muito duvidoso que os seus pressupostos pudessem incluir a situação atual de crise económica e financeira, o estado de exceção poderia ser um enquadramento dogmático de discussão das medidas jurídicas de crise. A verdade é que ninguém invocou ainda esta figura técnico-constitucional, que constituiria uma espécie de bomba atómica constitucional. Vários constitucionalistas aludiram, como se viu, a estados de suprema salvação pública, a contextos extraordinários de interpretação da constituição, a estado de necessidade ou de impossibilidade (de não exigibilidade, de força maior). Estas alusões vagas têm grande eficácia retórica justamente porque não afrontam nenhum das questões dogmáticas decisivas antes apontadas.

Neste acórdão, adota-se implicitamente a mesma abordagem não técnica, impressionista, acrítica, do estado de exceção, da sua origem e justificação, do seu regime, da legitimação das medidas tomadas no seu âmbito.

O acórdão limita-se a afirmar, de forma dogmaticamente vaga, que "não se pode excluir, dadas as circunstâncias financeiras e macroeconómicas anteriormente descritas, que a Assembleia da República, enquanto órgão de soberania democraticamente representativo do Estado no seu todo, tome imperativamente medidas, de âmbito nacional, com vista à contenção global da despesa orçamental dos diversos subsetores". Relaciona-se isso com "um desígnio nacional global", com os princípios constitucionais de "solidariedade" e de "unidade" (artigo 225.°, n.°s 2 e 3, e artigo 6.° da Constituição), com "o reforço da unidade nacional e dos laços de solidariedade entre todos os portugueses" e, bem assim, com "a integridade da soberania do Estado ..." (cfr. artigo 225.°, n.°s 2 e 3, da Constituição), com "fortes razões de interesse público nacional" como as invocadas na lei recorrida. Mas a qualificação dogmática da situação fica suspensa entre a normalidade constitucional e o estado de exceção.

Decidida esta questão, pôr-se-ia uma questão ulterior: a da titularidade do poder de definir o estado de crise, bem como de decidir dos meios proporcionados para a sua superação. Quanto a esta questão, acolhe-se o argumento tirado do princípio democrático do direito, numa formulação de sentido "jacobino": o poder de "dar uma resposta institucionalmente abrangente a um problema de emergência orçamental e financeira de amplitude nacional" só pode caber ao "legislador parlamentar, enquanto órgão democrático representativo do Estado unitário" (n.° 8) e da sua soberania[112]. No concreto, a conclusão é a de que "deste modo, não se pode excluir que a Assembleia da República, nas circunstâncias e com as razões aduzidas, legisle, imperativa e soberanamente, sobre as matérias de que tratam o artigo 22.°, n.° 1, alínea b), da Lei do OE [...]" (n.° 8).

A superficialidade técnica deste tópico relaciona-se com o facto de o seu acolhimento pressupor a escolha de um dos vários conceitos possíveis de democracia e, justamente, daquele que é tido como estando menos próximo do ideário de Estado constitucional e de jurisdição constitucional. Ou seja, de uma identificação da democracia com o governo do parlamento, sem qualquer reserva de direitos originários dos cidadãos.

Apesar desta capitulação perante o legislativo no que respeita à crucial questão da definição dos pressupostos e regime do Estado de exceção, o acórdão não raramente argumenta em favor das posições assumidas pelo legislativo, não apenas abonando-se nas razões constantes dos

---

112 "[...] a sustentabilidade das contas públicas [...é algo que só pode ser eficazmente levado a cabo num quadro de "unidade nacional" e de "solidariedade entre todos os portugueses" e através de medidas universalmente assumidas enquanto atos de "soberania do Estado" legitimados pela sua própria subsistência financeira bem como de toda a economia nacional (cfr. artigo 225.°, n.ºs 2 e 3, da Constituição)".

preâmbulos legislativos e nas peças produzidas pelo governo perante o Tribunal, como usando razões políticas para justificar os juízos que vai proferindo. Por exemplo, para justificar a conclusão da constitucionalidade da proibição de os governos regionais recorrerem a empréstimos, o Tribunal invoca os graves inconvenientes das consequências a que levaria, e a que já tinha levado, a situação contrária: "E acrescente-se que o valor da dívida acumulada é já de si elevado, ultrapassando substancialmente o valor total de receitas próprias da Região (crescendo anualmente aliás o valor da dívida, não obstante a proibição de aumento do endividamento líquido sucessivamente imposta nos últimos anos pelos diferentes Orçamentos de Estado)." (n.° 11). Este argumento (empírico, político) é largamente desenvolvido, com base num acórdão do Tribunal de Contas, concluindo-se: "Este facto parece legitimar que o Estado possa condicionar tais transferências ao cumprimento dum limite de endividamento que beneficia o todo das finanças nacionais" (n.° 11).

"Mesmo admitindo – acrescenta-se – que a autonomia financeira da Região inclui a possibilidade de contrair empréstimos, não se pode excluir que, em situações de especial necessidade e de acentuado endividamento público regional acumulado (como nas actuais circunstâncias sucede), se limite estritamente a possibilidade de aumento desse endividamento, como sucede no OE para 2011" (n.° 11). Ou seja, mesmo que se contrarie a garantia constitucional da autonomia financeira das Regiões, fortes (críticas) razões empíricas, que o Tribunal enumera e avaliza, justificam a introdução pelo legislador nacional de limites extraordinários ao endividamento regional.

Porém, esta linha de argumentação orientada para a discussão das razões substanciais das medidas legislativas já não remete para a ideia da supremacia do legislador na avaliação das situações e na ponderação das soluções nos casos de suspensão da constituição ordinária. Remete antes para o exercício dessa função pelos juízes, não tanto como garantes da Constituição, mas, mais imediatamente, como árbitros da oportunidade.

No acórdão 396/2011 (rel. Sousa Ribeiro) que julgou da inconstitucionalidade de normas orçamentais que reduziam remunerações e pensões[113], o padrão básico da argumentação é o mesmo.

Neste caso, conclui-se que o regime de vencimentos e de pensões tem a estabilidade suficiente para gerar expectativas juridicamente atendíveis[114]. Porém, a época excecional de crise teria alterado o equilíbrio normal dos valores em conflito[115] e desvalorizado os interesses particulares

[113] Artigos 19.°, 20.° e 21.° da Lei n.° 55-A/2010, de 31 de dezembro (Lei do Orçamento de Estado para 2011).

[114] "As reduções agora introduzidas, na medida em que contrariam a normalidade anteriormente estabelecida pela atuação dos poderes públicos, nesta matéria, frustram expectativas fundadas. E trata-se de reduções significativas, capazes de gerarem ou acentuarem dificuldades de manutenção de práticas vivenciais e de satisfação de compromissos assumidos pelos cidadãos".

[115] "Não se pode ignorar, todavia, que atravessamos reconhecidamente uma conjuntura de absoluta excecionalidade, do ponto de vista da gestão financeira dos recursos públicos. O desequilíbrio orçamental gerou forte pressão sobre a dívida soberana portuguesa, com escalada progressiva dos juros, colocando o Estado português e a economia nacional em sérias dificuldades de financiamento. Os problemas suscitados por esta situação passaram a dominar o debate político, ganhando tam-

perante o interesse público: "Do que não pode razoavelmente duvidar-se é de que as medidas de redução remuneratória visam a salvaguarda de um interesse público[116] que deve ser tido por prevalecente – e esta constitui a razão decisiva para rejeitar a alegação de que estamos perante uma desproteção da confiança constitucionalmente desconforme". Como ambos os interesses são atendíveis, o centro da questão está no seu equilíbrio relativo e no processo de o determinar. Sobre isto, o acórdão adota uma

---

bém foros de tema primário na esfera comunicacional. Outros países da União Europeia vivem problemas semelhantes, com interferências recíprocas, sendo divulgada abundante informação a esse respeito. Neste contexto, e no quadro de uma estratégia global delineada a nível europeu, entrou na ordem do dia a necessidade de uma drástica redução das despesas públicas, incluindo as resultantes do pagamento de remunerações. Medidas desse teor foram efetivamente tomadas noutros países, com larga anterioridade em relação à publicação da proposta de lei do Orçamento do Estado para 2011, e com reduções remuneratórias mais acentuadas do que aquelas que este diploma veio a implementar".

[116] "Na verdade, à situação de desequilíbrio orçamental e à apreciação que ela suscitou nas instâncias e nos mercados financeiros internacionais são imputados generalizadamente riscos sérios de abalo dos alicerces (senão, mesmo, colapso) do sistema económico-financeiro nacional, o que teria também, a concretizar-se, consequências ainda mais gravosas, para o nível de vida dos cidadãos. As reduções remuneratórias integram-se num conjunto de medidas que o poder político, atuando em entendimento com organismos internacionais de que Portugal faz parte, resolveu tomar, para reequilíbrio das contas públicas, tido por absolutamente necessário à prevenção e sanação de consequências desastrosas, na esfera económica e social. São medidas de política financeira basicamente conjuntural, de combate a uma situação de emergência, por que optou o órgão legislativo devidamente legitimado pelo princípio democrático de representação popular".

posição formalista, orientada para a titularidade do poder de ponderação dos interesses. A conclusão é a de que decisivo é o juízo de proporcionalidade do legislador democrático: "Haverá, assim, que proceder a um justo balanceamento entre a proteção das expectativas dos cidadãos decorrentes do princípio do Estado de direito democrático e a liberdade constitutiva e conformadora do legislador, também ele democraticamente legitimado, legislador ao qual, inequivocamente, há que reconhecer a legitimidade (senão mesmo o dever) de tentar adequar as soluções jurídicas às realidades existentes, consagrando as mais acertadas e razoáveis, ainda que elas impliquem que sejam «tocadas» relações ou situações que, até então, eram regidas de outra sorte". Embora o Tribunal ratifique este juízo: "o interesse público a salvaguardar, não só se encontra aqui perfeitamente identificado, como reveste importância fulcral e caráter de premência. É de lhe atribuir prevalência, ainda que não se ignore a intensidade do sacrifício causado às esferas particulares atingidas pela redução de vencimentos" (n.° 8).

XIX. E Agora?

A intenção deste texto é sobretudo a de *descrever* o comportamento do direito, do discurso jurídico e das profissões jurídicas numa situação de crise. A *avaliação normativa* das soluções jurídicas, dos modelos discursivos usados pelos juristas e das estratégias profissionais deste grupo não esteve no horizonte de análise. Muito menos a sugestão de um modelo de direito e de saber jurídico adequado para a gestão jurídica dos interesses durante a crise ou para a superação desta. Isso poderia ser o objeto de outro texto. Em todo o caso, algumas linhas de força de uma proposta deste tipo talvez se possam induzir da análise feita. Enumeramo-las de seguida.

Parece que os remédios jurídicos para a crise – como todos os remédios, em geral – devem ser corretivos e proporcionados. Ou seja, a terapêutica da crise deve contrabalançar – e não replicar, como proporia a medicina homeopática – os fatores mórbidos identificados no diagnóstico.

Deixamos, por isso, apontadas, algumas linhas de orientação de uma política de direito anticrise. Assim:

1. Se a crise é filha da desregulação, o direito deve regular.
2. Se a crise gerou a desconfiança e a sua superação exige a confiança, o direito deve promover e generalizar a confiança.
3. Se a crise de confiança é gerada pela opacidade, o direito deve garantir a transparência.
4. Se a falta de confiança é gerada pela incerteza, o direito deve garantir a certeza.
5. Se a crise de confiança é gerada pela imprevisibilidade, o direito deve favorecer a previsão.
6. Se a crise é gerada pela falta de iniciativa (de "empreendorismo"), o direito deve criar quadros claros para quem empreende e arrisca.
7. Se a falta de confiança é gerada pela arbitrariedade, o direito deve garantir a racionalidade.
8. Se a crise de confiança é gerada pelo casuísmo, o direito deve garantir a igualdade.

9. Se a crise de confiança é gerada pela precariedade, o direito deve garantir a estabilidade.

Em tudo isto, parece que existe uma linha comum de orientação: a crise não se supera pela dissolução do direito, antes se supera pelo reforço do direito e do "modelo jurídico". Reforçando algumas das características que promovem a sua consensualidade e fiabilidade, de modo a que ele seja mais estabilizador das expectativas da generalidade dos agentes sociais.

Bibliografia

Agamben, Giorgio, *Stato di eccezione. Homo Sacer*, Torino, Bollati Beringhieri, 2003.

Canotilho, Joaquim Gomes, *Direito Constitucional*, Coimbra, Almedina, 2010, 7.ª ed..

Canotilho, Joaquim Gomes, e Moreira, Vital, *Constituição da República Portuguesa Anotada*, vol. II, Coimbra, Coimbra Editora, 2010.

Dezalay, Yves, & Sugerman, David (cords.), *Professional competition and Professional power. Lawyerism accountants and the social construction of markets*, London e New York, Routledge, 2005.

Dezalay, Yves, and Garth, Bryant G. (coords.), *Global Prescriptions: The Production, Exportation, and Importation of a new Legal Orthodoxy*, Ann Arbor, University of Michigan Press, 2002.

Epstein, Richard, *Crisis & the Law with Richard Epstein*, http://www.youtube.com/watch?v=HAZxZZtoG-w

Faria, José Eduardo *et alii* (coords.), "Direito e justiça no séc. XXI: a crise da justiça no Brasil", apresentação no "Seminário "Direito e justiça no séc. XXI", CES, 29 de maio a 1 de junho, 2003, em *Independência dos juízes no Brasil: aspetos relevantes, casos e recomendações*, Recife, Gajop, Bagaço, 2005, =http://www.gajop.org.br/arquivos/publicacoes/Independencia_dos_Juizes_no_Brasil-portugues.pdf.

Ferreira, António Casimiro, *Sociedade da austeridade e Direito do Trabalho de exceção*, Editora Vida Económica, 2012.

Gouveia, Jorge Bacelar, *O estado de excepção no Direito Constitucional*, Coimbra, Almedina, 1999.

Halliday, Terence C., & Karpik, Lucien (cords.), *Lawyers and the rise of western political liberalism Europe and North America from the Eighteenth to Twentieth Centuries*, Oxford, Clarendon Press, 1997.

Hespanha, António Manuel, "Les autres raisons de la politique. L'économie de la grâce", em J.-F. Schaub (ed.), *Recherches sur l'histoire de l'État dans le monde ibérique (15e.-20e. siècles)*, Paris, Presses de l'École Normale Supérieure, 1993, 67-86; também em Pierangelo Schiera (org.), *Ragion di Stato e ragione dello Stato (secoli XV-XVII)*, Napoles, Istituto Italiano di Studi Filosofici, 1996, pp. 38-67; versão castelhana: A. M. Hespanha, *La gracia del derecho*, Madrid, Centro de Estudios Constitucionales, 1993; versão portuguesa: A. M. Hespanha, *A política perdida. Ordem e governo antes da modernidade*, Curitiba, Juruá, pp. 85-110.

Hespanha, António Manuel, *Caleidoscópio do direito. O direito e a justiça nos dias e no mundo de hoje*, Coimbra, Almedina, 2009

Hespanha, António Manuel, *Guiando a mão invisível. Direitos, Estado e lei no liberalism monárquico português*, Coimbra, Almedina, 2004.

Mac Barnet, Doreen, "Financial Engineering or Legal Engineering? Legal Work, Legal Integrity and the Banking Crisis" (February 2, 2010). Iain MacNeil and Justin O'Brien (eds.), *The future of financial regulation*, Oxford Hart, 2010; U. of Edinburgh School of Law Working Paper No. 2010/02. Disponível em http://ssrn.com/abstract=1546486 or http://dx.doi.org/10.2139/ssrn.1546486, [18.03.2012)

Mendes, Armindo Ribeiro, "A crise e os seus efeitos previsíveis no direito", http://www.stj.pt/ficheiros/coloquios/acriseefeitosdireito-drarmindoribeiromendes.pdf, comunicação ao colóquio organizado pelo STJ, "A crise e os seus efeitos previsíveis no direito", 23.11.2011 (outras comunicações: http://www.stj.pt/coloquios/coloquios/415-crise-efeitos-direito).

Novak, William J., *People's welfare. Law and regulation in 19th century's America*, The North Carolina University Press, 1996.

Perelman, Chaïm, e Olbrechts-Tyteca, Lucie, *Traité de l'argumentation – la nouvelle rhétorique*, 1958. Ed. usada, *Trattato dell'argomentazione. La nuova retorica*, com prefácio de Norberto Bobbio, Torino, Einaudi, 1989.

Sarlet, Ingo Wolfgang, "Notas sobre a assim designada proibição de retrocesso social no constitucionalismo latino-americano", em http://www3.tst.jus.br/Ssedoc/PaginadaBiblioteca/revistadotst/Rev_75/Rev_75_3/sarletingowolfgang.pdf.

Unger, Roberto Mangabeira, *False Necessity: Anti-Necessitarian Social Theory in the Service of Radical Democracy*, Cambridge, Cambridge University Press, 1987 (cf. rápida síntese: http://en.wikipedia.org/wiki/False_necessity).

Valukas, Anton, Interview, http://profalbrecht.wordpress.com/2012/04/25/anton-valukas-on-60-minutes/

Yannakopoulos, Constantin, *La notion de droits acquis en droit administratif français*, Paris, LGDJ, 1997.

ENDIVIDAMENTO E SOBERANIA NACIONAL*

EDUARDO PAZ FERREIRA**

Para mim é sempre uma alegria vir à Universidade Nova e à sua Faculdade de Direito em especial: tenho aqui muitos amigos, muitas pessoas que admiro profundamente, e creio que esta Faculdade tem contribuído para uma reflexão muito significativa e muito importante sobre o Direito.

Presto a minha homenagem à Diretora da Faculdade, Professora Teresa Beleza, grande figura do Direito e da Cultura do nosso País, e a todos os seus colaboradores.

Uma palavra especial de agradecimento vai para o Professor Jorge Bacelar Gouveia, que felicito vivamente pela organização desta jornada. Agradeço, também, ao Professor Rui Pinto Duarte e manifesto-lhe a minha honra por estar numa mesa por ele presidida. O Professor Pinto Duarte teve a gentileza de se referir aos oradores desta sessão como quatro príncipes do Direito. Obviamente não me reconheço nessa categoria, mas como lhe reconheço o direito de atribuir graus, mesmo quando injustos ou exagerados, resta-me agradecer-lhe.

---

* O texto que se publica corresponde à intervenção oral no Colóquio "A Crise e o Direito", à qual foram apenas introduzidas ligeiras correcções formais. A intervenção pode ser visionada em http://www.youtube.com/watch?v=gddEuJuhh94&feature=plcp

** Professor Catedrático da Faculdade de Direito da Universidade de Lisboa.

Há poucos dias recebi um pedido de um jornal que estimo muito no sentido de indicar, em 800 carateres, motivos de otimismo sobre Portugal. Não tenho muitos motivos, mas creio que o crescente debate e inquietação que atravessa a sociedade portuguesa é um deles. A forma como, numa manhã de trabalho, uma plateia de pessoas muito ocupadas que, apesar de tudo, conseguiram encontrar tempo para vir discutir estes temas conforta-me no meu otimismo. Sabemos que a sociedade procura respostas e trabalha por elas.

À parte o facto de, crescentemente, haver pessoas interessadas nesta atividade subversiva de pensar, não há muito mais. Eu costumava dizer que os criadores portugueses, a música portuguesa, eram outro motivo de esperança, mas até a morte do Bernardo Sassetti aparece como simbólica dos tempos horríveis que corremos, isto é, que vivemos. Claro que há quem nos queira pôr a correr, mas isso é outra história!

Convocaram-me para um tema que, se não estou em erro, é o do Endividamento e da Soberania, parecendo-me legitimo concluir que se trata, sobretudo de endividamento e perda de soberania. O tema obviamente é de grande atualidade. É tanto mais quanto, se alguém leu o jornal antes de vir, ou se ouviu rádio ou viu televisão, tem presente que começa hoje mais uma ronda de negociações entre o Governo português e a *so called Troika*. E os jornais transmitem isto desta forma engraçada: "Portugal iniciou hoje um novo teste para *receber* mais uma *tranche* de não-sei-quantos mil milhões...". Tudo isto entrou na normalidade, tudo isto é descrito como um facto absolutamente anódino. O António Hespanha desenvolveu, muito melhor do que eu poderia ter feito, alguns aspetos que têm a ver, de alguma forma, com o tema e com as minhas preocupações destes dias.

Naturalmente que, como todos estão recordados, o tema das consequências do endividamento sobre a soberania nacional é um tema clássico, um tema muitas vezes tocado: o pensamento liberal quando se estrutura – Adam Smith, David Hume, por exemplo – apresenta todo um conjunto de nuvens sombrias em torno do endividamento e não deixa de ser interessante olhar para algumas das questões que levantam, revisitando-as à luz daquilo que se passa hoje em dia.

Recorde-se, em primeiro lugar, a possibilidade de criação de uma classe de rendeiros inertes, vivendo apenas da aplicação da dívida pública e desinteressando-se de aplicações produtivas de capital; depois, a perda de soberania perante os Estados estrangeiros e os nacionais de outros Estados, bem como a perda de soberania perante os seus próprios súbditos; e já agora uma coisa um pouco marginal, mas que também tem graça, que é o prolongamento das guerras que, financiadas pelos empréstimos, tendem a arrastar-se, enquanto que, se fossem financiadas por impostos, mais rapidamente se resolveriam.

Tomemos cada um destes pontos e interroguemo-nos sobre a sua atualidade.

Quanto à questão das guerras, suponho que as guerras americanas são um bom exemplo do que anteviam os liberais, ou seja, provavelmente se as intervenções no Afeganistão, no Iraque, e noutros sítios onde os EUA se envolveram militarmente, não fossem financiadas de uma forma tão generosa pela dívida pública, estas guerras não se teriam prolongado desta forma no tempo nem teriam atingido esta dimensão.

No que toca à criação dos rendeiros, os tais prestamistas do Estado, não sei se vivem apenas disso. Mas, reconhecendo que muitos vivem basicamente de aplicações especulativas, suponho que nenhum de nós terá muitas dúvidas quanto à verificação dessa previsão.

Também quanto ao limite da soberania em face do estrangeiro – comecei com a citação dos jornais de hoje que me parece demonstrar à evidência essa situação. Portugal presta contas e, se aceites, recebe, então, o financiamento.

Já quanto às limitações do Estado em face dos seus próprios súbditos, as coisas são um pouco menos lineares. Em relação aos prestamistas internos o Estado tem bastante menos respeito: basta ver a forma como tratou os pobres dos detentores de certificados de aforro.

Tradicionalmente os certificados destinavam-se a pequenas poupanças, ainda que os limites estabelecidos fossem suficientemente altos para abranger poupanças maiores, representando uma forma segura e bem remunerada de colocação do aforro. Ora, o Estado, dentro daquele desrespeito pelo Direito que o António Hespanha tão bem analisou, não se preocupou nada em cortar os juros dos pobres dos detentores dos certificados de aforro.

Naturalmente que se entendeu que esses credores não representavam um perigo, nem dispunham de meios de reação. Diferentemente, aos grandes detentores de dívida pública nacionais ou estrangeiros é reconhecido o caráter intocável dos direitos e, por isso, neles não se toca.

Os resultados dessa opção foram que os certificados de aforro, na sua generalidade, foram levantados e deixaram de ser feitas novas aplicações. O Estado Português não podia pagar tanto aos pequenos interessados na dívida pública e, portanto, passou a pagar aquela bagatela que sabemos aos financiadores externos ou aos financiadores institucionais com outra capacidade, que compram títulos de dívida negociável em vez dos tais títulos arcaicos, sem razão de ser na modernidade, que eram os certificados de aforro.

Este julgamento apocalíptico sobre a Dívida Pública não deve ser levado longe demais, não quero ser mal-entendido. Designadamente a critica que foi feita ao grande endividamento público inglês veio a ser reanalisada e veio a ser fortemente contestada por alguns elementos – tenho alguma dificuldade em falar disto à frente do António Hespanha – mas hoje em dia é compreensível que foi a criação dos mercados de dívida pública e a contribuição que deu para o aparecimento de uma revolução financeira que permitiu a revolução industrial, da mesma forma que foi a boa organização da dívida pública inglesa comparada com a péssima organização da dívida pública francesa que permitiu a sistemática supremacia dita inglesa.

Não entro, de facto, no anátema da dívida. Considero que a dívida é um instrumento totalmente legítimo por parte dos Estados e que a reabilitação a que temos vindo a assistir da ideia de que os Estados são como as famílias e não podem gastar mais do que aquilo que têm é uma ideia totalmente errada. O Estado tem a capacidade, expressa de forma notável na Constituição norte-americana, de "*to borrow money on the credit of the United States*", de poder pedir dinheiro emprestado com base no crédito que nós temos, com base na possibilidade que temos de vir a gerar os meios para responder a este encargo. E seguramente que, em determinadas condições, o endividamento não é só normal como é útil e desejável.

É certo, no entanto, que historicamente o endividamento trouxe problemas a muitos Estados e também ao Estado português. Temos todos a ideia de como a operação de conversão da dívida dos finais do século XIX, inícios do século XX, pôs termo a uma situação muito complexa e que foi importante, por exemplo, para a propaganda republicana, pelas cláusulas vexatórias que foram incluídas nesta conversão da dívida. Ainda não se sabia o que eram cláusulas vexatórias nessa altura: por exemplo, uma delas era a criação da Junta de Crédito Público e a sua manutenção durante 100 anos que acabaram há pouco. As de hoje são, bem mais complicadas, mas, na medida em que o tempo o permita, lá iremos.

A questão do endividamento tendeu a confundir-se com a desorganização das finanças públicas e todos sabemos como, para a Primeira República, foi trágica essa desorganização, que originou o aparecimento de candidatos a salvadores em disputa: Armindo Monteiro e Salazar. Armindo Monteiro mais ligado aos negócios, Salazar mais próximo dos meios clericais e do exército, como sabemos, e que vai ser o triunfador e a pôr ordem nas Finanças e por essa via a garantir aquilo que era entendido como soberania em todo o seu poder. E essa soberania, em todo o seu esplendor, levou até à expressão do "orgulhosamente sós": eramos tão soberanos que não nos importávamos com nada. Nem limites internos, nem limites externos.

Quer isto dizer que a soberania merece sempre ser pensada a várias luzes: a soberania tem os limites que os nossos constitucionalistas, com diferentes perspetivas mas obviamente sempre muito bem – basta ver os casos dos constitucionalistas aqui presentes – nos ensinam, mas nos últimos anos assistimos a uma erosão total da ideia de soberania em face da ordem neoliberal, que se foi instalando, assente na ideia de que o mercado funciona melhor do que o soberano e de que a auto-regulação é preferível à regulação pública.

E, ao mesmo tempo, no plano dos factos, a globalização, e designadamente a globalização financeira, veio trazer um desarme daquilo que era a soberania tradicional em matéria financeira: a existência de moeda própria, de políticas económicas próprias, de políticas fiscais próprias, substituindo-as por um vazio, ou pelas regras ditadas pelas tais entidades abstratas – os mercados.

Neste contexto, Portugal foi confrontado com a entrada nas Comunidades Europeias – hoje União Europeia. Obviamente que, para a minha geração, a ideia de que aceitávamos partilhar alguma da nossa soberania no quadro de uma organização que defendia um conjunto de valores de democracia e de progresso pelo qual todos nos tínhamos batido e que não haveria mais "orgulhosamente sós" foi qualquer coisa de extremamente positivo.

Mas, depois, Portugal foi acompanhando a evolução – permitam-me que diga assim – perversa das Comunidades Europeias e, sobretudo, da passagem para a União Económica e Monetária, nos termos em que se concretizou.

Aceitámos entrar na União Económica e Monetária abrindo mão, ao mesmo tempo, da nossa soberania monetária, deixando de ter uma moeda própria, abdicando da possibilidade de utilização dos instrumentos cambiais. Para além de tudo isso, um pouco na sombra, abriu-se mão da possibilidade de financiamento público por parte do Banco Central, primeiro ainda do Banco de Portugal e depois do Banco Central Europeu. Os nossos dias mostram as consequências fortemente negativas desta opção.

É certo que se dizia que, de qualquer forma, a política económica continuava a ser do Estado, a política fiscal e a política de despesa pública, também. Ora o que a experiência da União Económica e Monetária veio mostrar foi que tal asserção não era correta. A política económica foi sendo esmagada – já vinha sendo de trás, com as regras de concorrência e com muitas das regras da Constituição Económica Europeia. A política orçamental foi drasticamente subordinada por um conjunto de medidas que tiveram o seu expoente mais visível e mais espetacular naquele tratado que Portugal foi o primeiro país a ratificar, ou seja, o Tratado Intergovernamental que, num Manifesto que promovi com outros colegas qualifiquei como "Um Tratado que não serve a Europa".

Através do Tratado visa-se criar o chamado compacto fiscal, em que os Estados abdicam de quaisquer poderes na área fiscal, esvaziando toda a tradição secular de concentração de poder nos Parlamentos, símbolo por excelência da democracia representativa. A entrada de Portugal na União Económica e Monetária e a evolução que se deu no quadro dessa União, evolução que, note-se, é uma evolução à margem daquilo que em certo sentido é a Constituição – forçando aqui muito a palavra – da própria União Europeia, ou seja, muito à margem do Tratado da União Europeia e do Tratado sobre o Funcionamento da União Europeia foi, assim, muito para além daquilo que seria expectável em termos de perda de soberania e foi-o em benefício de uma forma de federalismo técnico que nada tem a ver com uma Federação de Estados livres e independentes.

É, aliás, extraordinário pensar que o Tratado de Lisboa (e ainda estou à espera que alguém me explique qual a sua utilidade e qual o motivo de satisfação em ter o nome Lisboa associado a um documento daqueles) acordado, como sabem, em vésperas da crise se deu ao luxo de, pura e simplesmente, não tratar da matéria de União Económica e Monetária.

Continuou, assim, à margem do Tratado da União o chamado *Pacto de Estabilidade e Crescimento*, enquanto não era adotada qualquer solução que pudesse facilitar o combate à crise económica. E, portanto, se a nossa presença no seio da União Monetária já era bastante complicada do ponto de vista da cedência da nossa soberania, a circunstância de termos tido de recorrer à assistência externa foi obviamente dramática.

Todos se lembram daquele Memorando assinado há pouco mais de um ano pelo Governo e pelo principal partido da Oposição – originalidade total –, prevendo um conjunto de medidas, a maior parte das quais da competência da Assembleia da República. Mas, enfim, trata-se de coisas sem importância, formalidades que não têm nada a ver com o estado de exceção, verdadeiramente a única Constituição que hoje em dia é reconhecida.

Passámos, portanto, a ter uma situação em que a nossa soberania vai ser limitada pelos mecanismos jurídicos desenvolvidos no quadro da União Económica e Monetária, para além do tal Tratado Intergovernamental e de um conjunto de instrumentos de juridicidade duvidosa, particularmente o Pacto *Euro Plus*, que envolve medidas totalmente destruidoras de qualquer soberania na área económica e monetária e que, no fundo, este Tratado Intergovernamental se limitou a confirmar e a refazer.

A isto, que não é pouco, soma-se o acordo com a *Troika*. Neste contexto, o que nos espera e o que se passa? Nada de muito feliz, como seguramente estamos todos de acordo.

A degradação da ideia de Europa é qualquer coisa de muito deprimente para mim. Já falei do entusiasmo da minha geração com a integração europeia. No dia 9 de maio, celebrou-se o dia da Europa. Normalmente o Dia da Europa é celebrado com uns acontecimentos mais ou menos protocolares, com uns cocktails... A mim pareceu-me que tínhamos que evocar a Europa pela qual vale a pena bater-nos! E fiz uma jornada – no meu tempo, dir-se-ia uma jornada de luta – por uma Europa justa, unida, solidária e feliz.

Durante o dia debati o programa *Erasmus*, que acho uma grande realização da Europa enquanto projeto de integração e abertura das mentalidades, bem como a Europa como terra de asilo, reunindo exilados portugueses de antes do 25 de abril em países europeus e atuais refugiados em Portugal. À noite organizei um concerto chamado "Por Uma Europa Feliz", no qual tive o privilégio de contar com a genialidade de Cristina Branco, uma artista sem fronteiras, que leva a todo o lado o que de melhor há em nós. A ela se juntou outro dos vultos maiores da música portuguesa – Camané. Concluímos com a Orquestra Todos, constituída por pessoas das mais variadas origens que, na Europa, procuraram a terra prometida.

Todos sabíamos que a Europa não é uma terra feliz mas todos acreditamos que é nosso dever lutar por essa Europa. Todos nos unimos numa ideia: é possível construir uma Europa melhor.

No projeto inicial da Europa há imensas ideias positivas, mas por lá perpassavam já algumas ameaças. Uma das grandes referências morais da política francesa do Século XX, Pierre Mendès France, intuiu-as, ao votar contra a adesão da França à Comunidade Económica Europeia, afirmando "o abandono de uma democracia pode assumir duas formas: recurso a uma ditadura interna, entregando todo o poder a um homem providencial, ou a delegação de tais poderes a uma autoridade externa, que em nome da técnica exerce realmente o poder político. Já que, com o pretexto de uma economia saudável, facilmente se chega a ditar uma política monetária, fiscal, social, finalmente, uma política no sentido mais amplo da palavra nacional e internacional. Se a França está pronta para fazer a sua recuperação no quadro de uma cooperação fraterna com outros países europeus, não admitirá que as formas e meios de a recuperar sejam impostas de fora, mesmo que a pretexto de mecanismos automáticos".

É extraordinário pensar que isto foi escrito há mais de 50 anos e verificar a lucidez extrema do Mendès France!

Não nos apercebemos, de facto, que, aos poucos, uma entidade, sem qualquer legitimação democrática, a Comissão Europeia, passou a decidir a nossa vida totalmente, incluindo o tamanho das peras, as qualidades dos tomates, das maçãs e outras coisas mais graves – porque se fossem só essas, ainda poderíamos razoavelmente com elas. E surgiram correntes bastante minoritárias de eurocéticos, que têm uma expressão em Portugal por exemplo no Professor Raúl Rosado Fernandes, a dizer que União Europeia parece cada vez mais a antiga União Soviética e que, de alguma forma, a União Económica Monetária começa a ser uma espécie de COMECON – a organização supranacional que a União Soviética criou para fazer face às Comunidades Europeias.

E de facto, a ideia de citar aqui a União Soviética não é de todo em todo má porque todos estão lembrados da doutrina Brejnev da Soberania Limitada: ora eu interrogo-me se aquilo que a Comunidade Europeia hoje em dia faz não é em larga medida essa apologia da Soberania Limitada. E há pouco, eu dizia que era muito maçador ser dirigido por um órgão sem legitimidade democrática como a Comissão, mas aquilo que, como todos sabem, se vem verificando nos últimos tempos é que a Comissão já nem sequer decide coisa nenhuma.

Quem dirige são os políticos de certos Estados, democraticamente eleitos, é certo, mas que não foram eleitos por mim nem, suponho, por qualquer dos presentes aqui nesta sala e, no entanto, são eles que decidem totalmente a nossa vida.

A subordinação da soberania nacional operou-se, pois, por duas vias: a do acordo da *Troika* e a da aceitação dos *diktats* europeus.

Essa subordinação implicou o recurso àquilo que se tem denominado *Economia do Medo*. Um economista muito conhecido, Jean-Paul Fitoussi, ironiza, num texto em que a crise diz aos derrotados: "Lamentamos sinceramente o destino que tiveram, mas as leis da economia são impiedosas e é preciso que vocês se adaptem a elas e abandonem as proteções que têm. Se quereis enriquecer deveis aceitar uma maior precariedade. É este o caminho que vos fará encontrar o futuro". É curioso que isto que Jean-Paul Fitoussi utiliza como alegoria poderia ser lido como um discurso de qualquer membro de alguns governos da União Europeia hoje em dia.

Como disse um cartoonista espanhol, "Para tranquilizar os mercados, assustamos as populações". Toda a gente tem vivido debaixo do terror que não nos deixa pensar, que não nos deixa refletir, que não nos deixa procurar alternativa.

E se calhar, além da *Economia do Medo*, temos também a *Política do Medo*. Voltamos mais uma vez à questão da União Europeia e da Democracia.

Os acontecimentos sucedem-se de uma forma tão veloz que por vezes nos esquecemos de que a União Europeia derrubou um Primeiro-Ministro grego que teve a veleidade de querer fazer um referendo e colocou um tecnocrata no seu lugar; na Itália destituiu, o – suponho nesta sala –, genericamente odiado, Silvio Berlusconi, apesar de tudo um político legitimado democraticamente, por um excelente professor de Economia por quem não posso ter mais admiração, mas que não é um político legitimado democraticamente.

Agora tivemos a Chanceler Merkel a telefonar ao Presidente grego, que revelou o telefonema, sugerindo que fosse feito um referendo sobre o Euro no dia das eleições, e temos a pressão enorme que está a ser feita sobre o eleitorado grego e sobre o eleitorado irlandês chamado a referendo. Os Gregos são avisados de todas as maneiras e feitios que se tiverem qualquer veleidade de votar em forças heterodoxas terão um destino triste. Os irlandeses são alertados que se votarem *NÃO* no referendo não haverá mais dinheiro. A nós ninguém nos avisa de nada porque não é preciso: não temos qualquer ideia perigosa na cabeça. E pelo contrário, li ontem no telejornal que numa das últimas reuniões Portugal e a Irlanda foram dos países mais indignados contra a Grécia e contra a pouca vergonha que os Gregos julgam que possam fazer! Esses gregos são horríveis, felizmente não temos nada a ver com eles... Eles são uns trapalhões, nós somos exemplares...! Vivemos, assim, num mundo esquisito.

Este mundo está esquisito e perigoso, tanto que até o Engenheiro Jardim Gonçalves já deu ontem uma entrevista num jornal em que disse "Não foi para isto que aconteceu o 25 de abril".

E chegamos a uma situação em que tudo o que dissermos pode estar ultrapassado para a semana que vem. Entretanto surgiu aquela frase nova muito engraçada que era o *Grexit*, para a possível saída da Grécia do Euro. Como as pessoas criativas se entretém com essas coisas, o Deutschebank hoje descobriu um novo nome para a moeda grega que vai ser o Geuro: portanto não voltam ao Drakma, passam para um euro ligeiramente diferente que é o Geuro. Chipre também agora parece que vai a seguir ao Grexit e, assim, vamos limpando a Europa, até onde não se sabe.

O que é curioso é que temos uma situação em que, por um lado, a soberania nacional desapareceu e em que não se afirmou uma soberania supranacional, mas afirmaram-se esses instrumentos de intervenção de terror, estes instrumentos de utilização da Economia do Medo e da Política do Medo. E se calhar a consequência disto é que mesmo aqueles de nós que não éramos muito dados a grandes discursos soberanistas, grandes discursos do "orgulhosamente sós" – para chamar a coisa pela caricatura – começamos a ter saudades dos momentos em que havia alguma soberania e em que havia alguma autoridade capaz de ditar as regras aos mercados.

Provavelmente essa autoridade já não pode ser uma autoridade nacional, mas então façamos uma autoridade supranacional, mas uma autoridade supranacional que assente num pacto democrático que legitime essa soberania.

Muito obrigado.

A CRISE NAS FRONTEIRAS (DOS ESTADOS-MEMBROS) DA UNIÃO EUROPEIA: CAUSAS E SOLUÇÕES*

NUNO PIÇARRA**

I. Preliminares

1. O Tratado de Lisboa, como se sabe, reviu profundamente o regime aplicável ao espaço de liberdade, segurança e justiça (ELSJ), retomando em grande medida o que a seu respeito ficara acordado no malogrado Tratado que estabelecia uma Constituição para a Europa (TECE). A centralidade progressiva adquirida por esta política interna da União Europeia (UE) – mas com uma dimensão externa particularmente relevante – foi confirmada não apenas pela sujeição ao "método comunitário" das componentes do ELSJ que anteriormente ainda se regiam pelo "método intergovernamental" (integradas no Terceiro Pilar da UE, relativo à cooperação policial, à cooperação

* Este texto é a versão substancialmente desenvolvida da que serviu de base à intervenção oral no primeiro painel do Colóquio "A Crise e o Direito". A intervenção pode ser visionada em http://www.youtube.com/watch?v=r_ipHhzx8Z0&feature=youtu.be

** Professor Associado da Faculdade de Direito da Universidade Nova de Lisboa. Agradeço ao Dr. Juliano Vieira Zappia, mestrando na FDUNL, a leitura atenta e as pertinentes sugestões no sentido da melhoria de várias passagens do texto. As deficiências subsistentes são da minha exclusiva responsabilidade.

judiciária em matéria penal e ao direito penal europeu), como sobretudo pela precedência que lhe foi dada em relação ao mercado interno, no elenco dos objetivos da UE estabelecido pelo artigo 3.° do Tratado da União Europeia (TUE)[1].

Ao colocar à frente do objetivo basicamente económico de "estabelecer um mercado interno" (artigo 3.°, n.° 3) o objetivo prioritariamente político de "proporcionar aos seus cidadãos um espaço de liberdade, segurança e justiça sem fronteiras internas, em que seja assegurada a livre circulação de pessoas, em conjugação com medidas adequadas em matéria de controlos na fronteira externa, de asilo e de imigração, bem como de prevenção da criminalidade e combate a este fenómeno" (artigo 3.°, n.° 2), o Tratado de Lisboa foi mais longe do que o TECE. Com efeito, nos termos do artigo I-3.°, n.° 2, deste último, ambos os objetivos se encontravam equiordenados e estreitamente ligados ("A União proporciona aos seus cidadãos um espaço de liberdade, segurança e justiça sem fronteiras internas e um mercado interno em que a concorrência é livre e não falseada").

O sentido da mudança torna-se ainda mais evidente através do confronto com o que o Tratado de Amesterdão – ao qual se ficou a dever o conceito de ELSJ – dispunha a tal respeito: ao passo que a referência ao mercado interno vinha à cabeça dos objetivos da UE, elencados pelo então artigo 2.° do TUE, o ELSJ vinha apenas em quarto lugar,

---

[1] Salvo indicação expressa em contrário, as disposições dos Tratados da UE citadas ao longo deste texto são-no sempre na redação dada pelo Tratado de Lisboa.

a seguir aos objetivos de "afirmação da identidade [da UE] na cena internacional, nomeadamente através da execução de uma política externa e de segurança comum", e de "reforço da defesa dos direitos e dos interesses dos nacionais dos Estados-Membros, mediante a instituição de uma cidadania da União".

De tudo isto resulta que, agora, o ELSJ, enquanto "espaço sem fronteiras internas", ou melhor, de fronteiras internas abertas ou desativadas, no interior do qual é possível circular como se circula no interior de um único Estado[2] – sem quaisquer controlos fronteiriços mas em segurança, garantida através de medidas adequadas –, deixa de ser apenas aquilo que faltava para o mercado interno se considerar plenamente realizado e passa a constituir o enquadramento jurídico-político fundamental deste mercado. Por outras palavras, é por a UE formar um espaço de fronteiras internas desativadas, devidamente acompanhado pelas medidas necessárias para que daí não resultem défices de segurança (tal desativação permite também a circulação mais fácil dos agentes do crime organizado e dos mais diversos tráficos ilícitos), que pode completar-se com um mercado interno "no qual a livre circulação das mercadorias, das pessoas, dos serviços e dos

[2] Lê-se no Relatório da Comissão ao Parlamento Europeu e ao Conselho sobre a aplicação do Título III (Fronteiras Internas) do Regulamento (CE) n.° 562/2006 que estabelece o código relativo ao regime de passagem de pessoas nas fronteiras (Código das Fronteiras Schengen), de 13-10-2010, COM(2010) 554 final, p. 3, que "em princípio, a passagem numa fronteira interna entre dois Estados-Membros deve ser considerada equivalente a uma deslocação entre distritos ou regiões de um Estado-Membro".

capitais é assegurada" (artigo 26.°, n.° 2, do Tratado sobre o Funcionamento da União Europeia – TFUE).

Um espaço sem controlos nas fronteiras internas também é, pois, fundamental para o êxito do mercado interno[3], mantendo a sua plena relevância para a competitividade da economia e para "o desenvolvimento sustentável" da UE. Por isso mesmo, a alteração ou restrição daquele elemento aglutinador do ELSJ não deve ter lugar sem a ponderação das consequências que terá para o bom funcionamento do mercado interno.

Seja como for, com a entrada em vigor do Tratado de Lisboa, o ELSJ deixou definitivamente de ser uma simples forma de integração induzida por "efeito de arrastamento" (*spill-over*) a partir de outra – o mercado interno –, emergindo antes como um domínio suficientemente consistente para suscitar a questão fundamental da segurança interna no âmbito da UE, enquanto união política[4]. É, de resto, neste seu novo "estatuto constitucional" que o ELSJ se torna plenamente coerente com a Carta dos Direitos Fundamentais da UE na parte em que esta proclama que, "ao instituir a cidadania da União e ao criar um espaço de

---

[3] Cf. a Comunicação da Comissão de 16-9-2011, COM(2011) 561 final, *Governação Schengen – reforçar o espaço sem controlos nas fronteiras internas*, p. 2.

[4] Neste sentido, ver Alun Howard Gibbs, *Constitutional Life and Europe's Area of Freedom, Security and Justice*, Surrey, Ashgate, 2011, p. xiv. Como o autor bem observa, a supressão dos controlos nas fronteiras internas da UE não se prende apenas com a efetivação do direito de circular livremente no interior desta. Implica também o surgimento de questões tão importantes como a segurança das suas fronteiras externas e do conjunto do território (p. 88).

liberdade, segurança e justiça", a União "coloca o ser humano no cerne da sua ação".

2. Neste contexto, não será difícil perceber que o ELSJ é o mais "federal" dos objetivos da UE, levando os Estados-Membros a partilharem soberania em dois domínios nucleares para a sua identidade de Estados soberanos, tradicionalmente da sua competência exclusiva: os domínios da segurança interna e da administração da justiça. Sabe-se que a garantia da segurança interna no interior dos respetivos territórios, principalmente através das forças de polícia, e a garantia da paz social através de um sistema de tribunais encarregados de dirimir os litígios aí suscitados, constituem, juntamente com a garantia da segurança externa, quando necessário, através das forças armadas, a razão de ser do Estado-nação soberano de tipo ocidental-europeu surgido na transição para a Idade Moderna[5].

Ao suprimirem os controlos de pessoas nas suas fronteiras comuns, os Estados-Membros põem simultaneamente em comum os respetivos territórios e, portanto, também a sua segurança interna. Sob pena dos mais graves prejuízos para esta, tal "colocação em comum" implica necessariamente que as polícias, os ministérios públicos e os tribunais do conjunto desses Estados encontrem formas de cooperação operacional e de troca de informações equiparáveis

---

[5] Sobre o tema, ver a síntese recente de Thierry Baudet, *The Significance of Borders. Why Representative Government and the Rule of Law Require Nation States*, Leida, Brill, 2012, pp. 7 segs.

às existentes no interior de um único território, no quadro de uma política criminal, de fronteiras, de asilo e de imigração que já não tem o Estado soberano como único referente para o seu sentido e desenvolvimento[6].

Todavia, a autocompreensão como soberanos, que continua a ser, no essencial, a dos Estados-Membros, nem sempre convive bem com as profundíssimas implicações que o ELSJ tem para as suas identidades[7], tendo inclusive dois deles – o Reino Unido e a Irlanda – mantido o direito de efetuarem controlos de pessoas nas suas fronteiras comuns com os restantes Estados-Membros[8]. As incongruências detetáveis no regime jurídico que enquadra o ELSJ, desde logo ao nível dos próprios Tratados da UE, acabam por refletir, de alguma forma, as "crises de identidade" que aquelas implicações provocam nos Estados-Membros.

Um exemplo particularmente eloquente encontra-se no artigo 4.°, n.° 2, do TUE. A segunda frase é retomada *ipsis verbis* do artigo I-5.° do TECE ("Relações entre a União e os Estados-Membros"), nos termos da qual "A União respeita as funções essenciais do Estado, nomeadamente as que se destinam a garantir a integridade territorial, a manter a ordem pública e a salvaguardar a segurança nacio-

---

[6] Cf. Alun Howard Gibbs, *op. cit.*, p. 19.

[7] Como nota Maria da Assunção Esteves, Prefácio a *O Tratado de Lisboa*, Lisboa, Cosmos, 2008, p. 14, com o ELSJ, "as matérias da justiça, por exemplo, ganham um estatuto europeu que as retira da lógica da pura feudalização no poder soberano dos Estados-Membros".

[8] Ver o Protocolo n.° 20 anexado pelo Tratado de Lisboa ao TUE e ao TFUE, sobre a aplicação de certos aspetos do artigo 26.° do TFUE ao Reino Unido e à Irlanda.

nal". Pode compreender-se a opção por integrar no estatuto jurídico fundamental da União um tal preceito, que remete claramente para aspetos essenciais da autocompreensão soberana dos Estados-Membros, muito embora, em rigor, não se veja de que modo ou através de que meios poderia a União "desrespeitar" tais "funções essenciais" de Estados que mantêm integralmente o monopólio da coação física[9].

A simples necessidade de, neste contexto, recordar tais aspetos – que, em todo o caso, com o ELSJ, adquirem um enquadramento comum que antes não tinham – pode, pois, ser interpretada como um sintoma da aludida "crise de identidade". Mas esta acaba por se manifestar com particular nitidez no segmento aditado pelo Tratado de Lisboa ao artigo 4.°, n.° 2, do TUE, sem qualquer correspondência no TECE: "em especial, a segurança nacional continua a ser da exclusiva responsabilidade de cada Estado-Membro". Ora, não carece de maiores demonstrações que, sem prejuízo de cada Estado-Membro continuar a ter um papel decisivo na manutenção da segurança nacional no respetivo território, o facto de estes terem sido "postos em comum", em consequência da desativação das fronteiras que os dividem, obriga os Estados-Membros a "partilharem soberania" para que a "segurança nacional" seja devidamente acautelada no conjunto dos seus territórios[10].

---

[9] Recordando recentemente este aspeto crucial, ver Jürgen Habermas, *Um Ensaio sobre a Constituição da Europa*, trad. portuguesa, Lisboa, Edições 70, 2012, p. 74.

[10] Para alguns autores, a UE prova que é possível aos Estados-Membros partilharem soberania sem deixarem de ser Estados soberanos.

Noutra perspetiva, em consequência daquela desativação, a UE vê-se envolvida nas questões de identidade, controlo e segurança imbricadas no conceito de fronteira, cuja definição remete sempre para a existência de uma comunidade política[11].

3. Se isto é assim, convém recordar brevemente o caminho percorrido até aqui. Começar-se-á pelos motivos que levaram os autores dos tratados da UE a inscrever entre os objetivos desta o de se tornar num espaço em que as fronteiras comuns terrestres, marítimas e aéreas dos Estados-Membros (as fronteiras internas da UE) são desativadas, renunciando estes, parcialmente, à prerrogativa essencial de soberania que consiste em controlar os fluxos de pessoas que entram e saem dos respetivos territórios, e vinculando-se, a título de "medidas compensatórias" ou "de acompanhamento", a *(i)* aplicar regras uniformes de fonte europeia ao controlo e à vigilância das suas fronteiras com países terceiros (as fronteiras externas da UE)[12]; *(ii)* harmo-

---

Neste sentido, ver Jaap Hoeksma e Dirk Schoenmaker, *A polity called EU. Essays on the Exercise of Sovereignty in the European Union and the Euro Area*, Nimega, Wolf, 2012, p. 3.

[11] Neste sentido, S. Wolff and R. Zapata-Barrero, "Border management: Impacting on the construction of the EU as a polity?", in Sarah Wolff *et al.* (ed.), *Freedom, Security and Justice after Lisbon and Stockholm*, Haia, Asser Press, 2011, p. 132.

[12] O Código da UE relativo ao regime de passagem de pessoas nas fronteiras (Código das Fronteiras Schengen – CFS), constante do Regulamento n.° 562/2006, de 15 de março, alterado pelo Regulamento n.° 296/2008, de 11 de março (artigo 2.°, n.°s 8, 10 e 11), define o controlo de fronteiras como aquele que é efetuado nos pontos de passagem

nizar as suas legislações em matéria de asilo e de imigração e, em menor medida, as legislações penais e processuais penais; *(iii)* articular as suas autoridades policiais e judiciárias em modalidades de cooperação análogas àquelas que vigoram no interior de um só território estadual, inclusive através da ligação a sistemas de informação comuns; *(iv)* sujeitarem-se reciprocamente a mecanismos de controlo do modo como cada um cumpre todas essas obrigações.

A este respeito, o ELSJ, tal como a União Económica e Monetária (UEM) e a sua moeda única – com que partilha a característica comum de não estar respaldado num único Estado, ou de estar para além do Estado[13] –, têm colocado a UE e os seus Estados-Membros perante uma questão crucial, uma vez que ambos suscitam problemas comuns aos surgidos nas diversas federações – igualmente caracterizadas por uma moeda única e por uma liberdade de circulação baseada na ausência de controlos fronteiriços no interior do correspondente espaço territorial. A questão é a de saber se devem procurar-se soluções comuns, mesmo não sendo a UE uma federação, ou se, por isto mesmo,

---

de fronteiras (pontos autorizados pelas autoridades competentes para a passagem das fronteiras externas), "a fim de assegurar que as pessoas, incluindo os seus meios de transporte e objetos na sua posse, podem ser autorizadas a entrar no território dos Estados-Membros ou autorizadas a abandoná-lo". A vigilância de fronteiras, por seu lado, é efetuada entre os pontos de passagem de fronteira e, fora dos horários de abertura fixados, nestes mesmos pontos, "de modo a impedir as pessoas de iludir os controlos de fronteira".

[13] Nas palavras de Alun Howard Gibbs, *op. cit.*, p. 15, o ELSJ "*is intended to augment the understanding that the EU constitutes a political community beyond the state*".

devem privilegiar-se soluções que reflitam as diferenças substanciais existentes entre a UE e qualquer Estado federal, embora não excluindo definitivamente que, para determinados problemas comuns, as soluções acabem por ser também comuns[14].

No ELSJ as opções colocam-se a diversos níveis, sendo, até à data, marcadamente diferentes das de tipo federal as soluções consagradas para fazer face aos problemas comuns às federações, embora deixando margem para evoluções neste sentido em alguns casos. É bem conhecida a contraposição, no domínio do controlo e da vigilância das fronteiras externas da UE, entre a atual Frontex, agência europeia de gestão da cooperação operacional entre as polícias de fronteiras dos Estados-Membros, que, descentralizada e compartimentadamente, procedem àquele controlo e vigilância, e uma verdadeira polícia de fronteiras da UE, relevando de um modelo centralizado[15]; ou a con-

---

[14] A nível da UEM, como se sabe, é paradigmática a discussão em torno da emissão, ou não, de *eurobonds* (títulos de dívida europeus mutualizadores das chamadas dívidas soberanas dos Estados-Membros), como meio de proteger o próprio euro perante os mercados, nomeadamente em função da desconfiança suscitada por uma moeda não confinada a um único Estado. Tal emissão constituirá uma solução de natureza marcadamente federal, por isso mesmo repudiada por quem entende que, não sendo a UE uma federação, há que optar por soluções que atendam a essa diferença específica.

[15] Para maiores desenvolvimentos, ver recentemente S. Wolff and R. Zapata-Barrero, "Border management: Impacting on the construction of the EU as a polity?", cit., pp. 117 segs. Ver também Arménio Timóteo Pedroso, "O Espaço de Liberdade, Segurança e Justiça da União Europeia", in Jorge Bacelar Gouveia (coord.), *Estudos de Direito e Segurança*, volume II, Coimbra, Almedina, 2012, pp. 83-85, e Francisco Velasco

traposição, no domínio policial geral, entre a atual Europol e uma polícia europeia inspirada no FBI norte-americano, com plena competência operacional[16]; ou ainda, no domínio judiciário penal, entre a atual Eurojust e uma Procuradoria Europeia de tipo federal[17].

4. Nenhuma destas soluções originais da UE para fazer face aos problemas que suscita a sua característica comum com as federações – a circulação sem controlos fronteiriços no seu interior – será objeto do presente artigo. Este centrar-se-á, antes, numa outra solução em vigor no ELSJ que também não encontra paralelo em nenhuma federação: a prerrogativa formalmente garantida a cada Estado-Membro de reintroduzir temporariamente os controlos nas suas fronteiras comuns para efeitos de manutenção da ordem pública e da segurança interna. É, de resto, a propósito desta prerrogativa, de algumas aplicações práticas recentes e, motivadas por elas, das propostas em discussão tendentes à alteração do regime aplicável, que se manifesta mais visivelmente a crise que o ELSJ também atravessa, consubstanciando aquilo que se poderá designar, evocando o título de uma exaustiva obra produzida na doutrina por-

---

Caballero, "Organización y procedimientos de la «unión administrativa europea» en materia de fronteras, asilo y inmigración", in AA VV *La unión administrativa europea*, Madrid, Marcial Pons, 2008, pp. 241 segs.

[16] Ver por exemplo Cyrille Fijnaut, "Police Co-operation and the Area of Freedom, Security and Justice", in Neil Walker (ed.), *Europe's Area of Freedom, Security and Justice*, Oxford, OUP; 2004, pp. 241 segs.

[17] Ver Christine van den Wyngaert, "Eurojust and the European Public Prosecutor in the *Corpus Juris* Model: Water and Fire?, in *op. cit.* na nota anterior, pp. 201 segs.

tuguesa da última década do século XX sobre a identidade da UE[18], por "crise nas fronteiras". Daí a sua escolha para tema do presente artigo.

Refira-se desde já que, por um lado, a prerrogativa em causa não vem prevista no direito primário da UE e, por outro lado, o CFS, no seu artigo 23.°, qualifica tal prerrogativa como derrogação à política da UE "que visa assegurar a ausência de controlos de pessoas, independentemente da sua nacionalidade, na passagem das fronteiras internas" [artigos 67.°, n.° 2, e 77.°, n.° 1, alínea *a)*, do TFUE], só admissível "excecionalmente" e a título temporário, "em caso de ameaça grave para a ordem pública ou a segurança interna", e ainda sem "exceder o estritamente necessário para responder à ameaça grave". A análise dos pressupostos e limites da prerrogativa excecional em causa pressupõe, portanto, a determinação do conteúdo e do alcance da política de fronteiras da UE que a enquadra – de que constitui elemento estruturante, repita-se, a "supressão do controlo fronteiriço nas fronteiras internas", de modo a poderem ser transpostas "em qualquer local".

Aquelas disposições do TFUE, bem como as do CFS que as desenvolvem (artigos 20.° a 22.°), foram recentemente objeto de jurisprudência densificadora do Tribunal de Justiça (TJ), que caberá recordar (III.) antes de proceder à análise das controversas propostas de alteração das disposições do mesmo código (artigos 23.° a 31.°), relativas à reintrodução temporária do controlo fronteiriço nas fronteiras internas (IV.).

---

[18] Trata-se da obra de Luís Sá, *A Crise das Fronteiras. Estado, Administração Pública e União Europeia*, Lisboa, Cosmos, 1997.

II. As Razões Subjacentes à Transformação da União Europeia num Espaço de Liberdade, Segurança e Justiça

1. Pode dizer-se que foram, no essencial, razões de ordem pragmática a alimentar a ideia de fazer da então Comunidade Económica Europeia (a que entretanto, com o Tratado de Lisboa, sucedeu e se substituiu a UE), um "espaço sem fronteiras internas no qual a livre circulação das mercadorias, das pessoas dos serviços e dos capitais é assegurada" e onde, portanto, ficam desativados quaisquer controlos nessas fronteiras – que são as fronteiras comuns dos Estados-Membros e, simultaneamente, as fronteiras internas da UE. Sem essa desativação, como se viu, o mercado comum não poderia funcionar devidamente.

Entre as razões que levaram à transformação da UE num ELSJ na aceção enunciada, pesaram as de índole económica, hoje de algum modo reconduzíveis ao conceito de competitividade, inconciliável com os custos elevados das barreiras aduaneiras e fronteiriças num espaço económico que se pretende integrado. Com efeito, a mercadoria e os seus transportadores, ou o serviço e os seus prestadores que, para chegarem do Estado-Membro de origem ao Estado-Membro de destino, tenham que se sujeitar a controlos daquele tipo podem ver prejudicada a sua competitividade, o que afeta igualmente o desenvolvimento económico do conjunto.

Por outro lado, permitir aos nacionais dos Estados-Membros a circulação em todo o espaço da UE como se estivessem a circular num só território estadual contribuiria previsivelmente para a criação de um sentimento de pertença também à União e de um vínculo direto com ela. Esta última ideia remonta à cimeira de Chefes de Estado e de Governo realizada na Haia em 1969. Todavia, só na sequência do Conselho Europeu de Paris, de finais de 1974, foi criado um grupo de trabalho encarregado de estudar, nomeadamente "as condições e os prazos para se poder atribuir aos cidadãos dos Estados-Membros direitos especiais como membros da Comunidade".

O Relatório sobre a União Europeia, apresentado ao Conselho Europeu reunido em Roma, em dezembro de 1975, por Leo Tindemanns, foi o primeiro documento a preconizar abertamente, em nome da "Europa dos cidadãos", o aperfeiçoamento da liberdade de circulação de pessoas mediante a supressão progressiva das medidas de controlo nas fronteiras comuns dos Estados-Membros[19].

Na década seguinte, em junho de 1984, por ocasião do Conselho Europeu de Fontainebleau, foi criado um comité *ad hoc* ("comité Adonnino") encarregado de propor medidas destinadas a reforçar e a promover a identidade da Comunidade perante os seus cidadãos e perante o resto do mundo, entre as quais se incluía, mais uma vez, o aperfeiçoamento da liberdade circulação de pessoas no seu interior através da supressão dos controlos fronteiriços.

2. No Ato Único Europeu (AUE), assinado em fevereiro de 1986 já por doze Estados-Membros, a ideia de liberdade de circulação acabaria por ficar estreitamente ligada

---

[19] Ver *Boletim das Comunidades Europeias*, suplemento 1/76, especialmente pp. 27-29.

ao estabelecimento do mercado interno, como condição indispensável para assegurar o seu pleno funcionamento. Foi, de resto, o AUE que introduziu no Tratado de Roma a disposição que hoje consta do artigo 26.°, n.° 2, do TFUE, já citado. Havia boas razões para essa ligação entre mercado interno e ausência de controlos de pessoas na passagem das fronteiras comuns dos Estados-Membros, essência e raiz daquilo que viria a ser o ELSJ.

Em primeiro lugar, não foi ainda com o AUE que se atingiu a fase de evolução do projeto europeu em que passou a ser dada prevalência aos objetivos políticos sobre os objetivos económicos. Por isso mesmo, não podia ser plenamente assumido o impacto radicalmente político e o potencial integrador da transformação da UE num espaço "descompartimentador" dos territórios dos Estados-Membros, em que se circularia como se circula no interior do território de qualquer deles.

Em segundo lugar, razões meramente conjunturais reforçaram a ligação entre mercado interno e circulação sem controlos fronteiriços. Com efeito, desde a primavera de 1984, vinha-se verificando uma forte pressão da parte dos transportadores rodoviários, que bloqueavam insistentemente as estradas numa série de postos de fronteiras entre a Alemanha e a França, em protesto contra as formalidades, as demoras na passagem das mesmas e os inerentes custos económicos.

Na ausência de uma perspetiva credível de acordo rápido no seio da então Comunidade Económica Europeia quanto à consagração do princípio da eliminação dos controlos nas fronteiras internas e à sua efetiva aplicação – a tanto se opunha frontalmente o Reino Unido, com o argumento de que o direito de circular livremente no território dos Estados-Membros só assistia aos nacionais destes e não aos nacionais dos países terceiros, havendo, portanto, que identificar as duas categorias precisamente no momento da passagem das fronteiras internas –, a Alemanha e a França assinaram, em 13 de junho de 1984, o Acordo de Saarbrücken, tendente à supressão gradual dos controlos de pessoas nas suas fronteiras comuns, para fazer face àqueles protestos.

Poucos dias antes (31 de maio de 1984), a Alemanha e os três Estados-Membros agrupados na União Económica Benelux haviam chegado a um idêntico acordo. A Bélgica, a Holanda e o Luxemburgo encontravam-se, há quase 25 anos, vinculados por uma convenção relativa à transferência dos controlos de entrada e de saída de pessoas para as fronteiras externas do território comum Benelux, assinada em Bruxelas em 11 de abril de 1960, por força da qual tinham desativado os controlos de pessoas nas suas fronteiras comuns[20].

3. A fusão de ambas as iniciativas levou à conclusão, pelos cinco Estados, do Acordo de Schengen e da sua Convenção de Aplicação, respetivamente em 14 de junho de 1985 e em 19 de junho de 1990. Ambos se pautavam por uma lógica institucional e decisória rigorosamente intergovernamental, em que pontificava uma instância com-

---

[20] Cf. Nuno Piçarra, "A política de fronteiras da União Europeia. Do arranque adiado à centralidade progressiva", in *Estudos em Homenagem ao Professor Doutor Paulo de Pitta e Cunha*, volume I, Coimbra, Almedina, 2010, p. 940 e bibliografia citada na nota 7 desse artigo.

posta por representantes dos governos das Partes Contratantes – o Comité Executivo –, deliberando por unanimidade e habilitado a adotar disposições de direito internacional.

Sob a égide destes dois instrumentos convencionais – a que o Reino Unido e a Irlanda nunca chegaram a aderir –, os restantes Estados-Membros da UE a quinze suprimiram progressivamente, a partir de 26 de março de 1995, os controlos de pessoas nas suas fronteiras comuns e puseram em práticas as necessárias medidas de acompanhamento. Transformado o acervo de Schengen em direito da UE aplicável ao ELSJ e parcialmente sujeito ao "método comunitário", na sequência da entrada em vigor do Tratado de Amesterdão em 1 de maio de 1999[21], esse espaço de fronteiras internas desativadas estendeu-se a vinte e dois Estados-Membros (para além do Reino Unido e da Irlanda, ainda não integram tal espaço Chipre, a Bulgária e a Roménia) e a mais quatro Estados não membros com relações especiais com alguns deles (a Noruega e a Islândia, por um lado, a Suíça e o Liechtenstein, por outro).

[21] Ver o Protocolo que integra o acervo de Schengen no âmbito da UE, anexado pelo Tratado de Amesterdão aos Tratados da UE, entretanto substituído pelo Protocolo n.° 19, relativo ao acervo de Schengen integrado no âmbito da UE, anexado pelo Tratado de Lisboa ao TUE e ao TFUE. Sobre o processo de transformação do acervo de Schengen em direito da UE, ver Nuno Piçarra, "La mise en oeuvre du protocole intégrant l'acquis de Schengen dans le cadre de l'Union européenne: règles et procédures", in Mónica den Boer (ed.), *Schengen's Final Days? The Incorporation of Schengen into the New TEU, External Borders and Information Systems*, Maastricht, IEAP, 1998, pp. 25 segs.

III. O Contributo da Jurisprudência do Tribunal de Justiça para a Concretização da Política de Fronteiras da União Europeia

1. Cabe recordar liminarmente que, antes da entrada em vigor do Tratado de Lisboa, eram bem menores as possibilidades de o TJ intervir no ELSJ e muito em particular no seu elemento nuclear: a "ausência de quaisquer controlos de pessoas, independentemente da sua nacionalidade, na passagem das fronteiras internas".

Eram duas, com efeito, as disposições derrogatórias de sinal intergovernamental, então constantes do artigo 68.° do Tratado de Roma, a limitar a intervenção escrutinadora do poder judicial da UE neste domínio umbilicalmente ligado à soberania estadual. A primeira vedava aos tribunais nacionais de cujas decisões coubesse recurso judicial de direito interno o reenvio ao TJ, quer de questões prejudiciais de interpretação do Título IV da Parte III do Tratado de Roma na sua versão pré-Lisboa ("Vistos, asilo, imigração e outras políticas relativas à livre circulação de pessoas"), quer de questões prejudiciais de interpretação ou de validade do direito derivado baseado nesse título. A segunda disposição vedava ao TJ, no quadro do reenvio prejudicial e da ação por incumprimento, o controlo da legalidade da invocação pelos Estados-Membros da cláusula de salvaguarda da ordem pública ou da segurança interna para justificar a reintrodução temporária dos controlos de pessoas nas suas fronteiras comuns[22].

---

[22] Para maiores desenvolvimentos, ver Nuno Piçarra, "O Tribunal de Justiça das Comunidades Europeias e o novo espaço de liberdade,

Não admira, por isso, que, em aplicação do artigo 68.º do Tratado de Roma, o TJ tenha declarado inadmissíveis diversos pedidos prejudiciais apresentados por tribunais nacionais de cujas decisões ainda cabia recurso judicial de direito interno, com vista à interpretação do direito do ELSJ relevando do mencionado Título do Tratado de Roma[23], e nunca tenha chegado a interpretar nenhuma disposição do regime aplicável à passagem das fronteiras internas da UE, originariamente constantes da Convenção de Schengen e ulteriormente do CFS.

O pleno alinhamento da competência do TJ, no âmbito do ELSJ, pela sua "competência padrão", operado pelo Tratado de Lisboa através da revogação pura e simples do anterior artigo 68.º do Tratado de Roma, veio permitir que todos os tribunais nacionais – e não apenas aqueles de cujas decisões não cabe recurso judicial de direito interno – coloquem ao TJ questões prejudiciais também relativas à interpretação e à validade do direito aplicável à passagem das fronteiras internas e externas da UE, inclusive para permitir (i) "fiscalizar a validade ou a proporcionalidade de operações efetuadas pelos serviços de polícia ou outros serviços responsáveis pela aplicação da lei num Estado-Membro" e (ii) "para decidir sobre o exercício das responsabilidades que incumbem aos Estados-Membros em matéria de manutenção da ordem pública e de garantia da segurança interna", relacionadas nomeadamente com

---

de segurança e de justiça", in *Themis – Revista da Faculdade de Direito da UNL*, ano I, n.º 1, 2000, pp. 84 segs.

[23] Ver por exemplo o despacho do TJ de 31 de março de 2004, Nicoleta Maria Georgescu, C-51/03, n.ºs 30 e 32.

a reintrodução temporária dos controlos de pessoas nas fronteiras internas. Para além disso, aquelas operações de polícia, bem como o exercício destas responsabilidades podem ser diretamente escrutinadas pelo TJ no quadro de uma ação por incumprimento.

É o que resulta do artigo 276.° do TFUE: este dispositivo só exclui tal competência do TJ no âmbito da cooperação judiciária em matéria penal e da cooperação policial – mas não no das políticas relativas às fronteiras, aos vistos, ao asilo e à imigração (nem no da cooperação judiciária em matéria civil). A própria jurisprudência do TJ analisada *infra* (n.° 3) pressupõe este entendimento, ao escrutinar não só as legislações nacionais mas também o modo como elas são executadas e aplicadas pelas competentes autoridades e, designadamente, pelas polícias.

2. Na vigência do Tratado de Amesterdão, o TJ teve, ainda assim, ocasião de se pronunciar, no âmbito de um reenvio prejudicial, sobre o sentido e o alcance da disposição definidora do mercado interno, hoje constante do citado artigo 26.°, n.° 2, do TFUE. Tratava-se concretamente de saber se tal disposição é suscetível de produzir efeito direto e, portanto, de servir de critério de solução de litígios aos tribunais nacionais. Se a resposta fosse positiva, o tribunal nacional *a quo* deveria absolver um cidadão neerlandês contra quem fora instaurado procedimento criminal, por, invocando a disposição de direito da UE em causa, se ter recusado a apresentar o passaporte e a fazer prova da sua nacionalidade, em violação da legislação neerlandesa aplicável, ao entrar nos Países Baixos por uma fronteira interna.

Por acórdão de 21 de setembro de 1999, o TJ declarou que, do preceito em causa, não resulta automaticamente para os Estados-Membros a obrigação de suprimir os controlos de pessoas nas fronteiras internas da UE. Isto porque tal obrigação "pressupõe a harmonização das legislações dos Estados-Membros em matéria de passagem das fronteiras externas (...), de imigração, de concessão de vistos, de asilo e de troca de informações sobre estas questões". Por conseguinte, enquanto tais "medidas compensatórias", ou "de acompanhamento" não fossem adotadas, os Estados-Membros conservariam o direito de proceder a controlos de identidade nas fronteiras internas da UE, obrigando à apresentação de um título de identificação ou passaporte válido, "a fim de averiguar se a pessoa em questão é nacional de um Estado-Membro e tem, por isso, o direito de circular livremente no território dos Estados-Membros, ou se é nacional de um país terceiro, a quem esse direito não assiste"[24].

Se, para o TJ, o preceito que define o mercado interno como um espaço sem fronteiras internas no qual é assegurada a livre circulação das pessoas não podia, naquelas circunstâncias, permitir ao juiz *a quo* afastar sem mais a legislação nacional em causa, permitia-lhe pelo menos verificar se as sanções que esta legislação previa eram "equiparáveis às que se aplicam a infrações nacionais semelhantes" e se, em qualquer caso, não se configuravam como desproporcionadas e suscetíveis de criar um entrave à livre circulação de pessoas[25].

---

[24] Proferido no processo-crime contra Florus Ariël Wijsenbeek, C-378/97, n.°s 14, 40 e 43.

[25] Ver acórdão citado na nota anterior, n.° 44.

Apesar de, à data dos factos (17 de dezembro de 1993), o Tratado de Amesterdão não existir, na data do proferimento do acórdão, com ele já em vigor, o TJ acabou por ter em conta a definição de ELSJ aí dada. No entanto, ao excluir taxativa e despropositadamente do círculo de destinatários do "direito de circular livremente no território dos Estados-Membros" os nacionais de países terceiros, não parece ter-se dado conta de que estava, do mesmo passo, endossando os argumentos sistematicamente expendidos pelo Reino Unido[26], a inviabilizar a supressão dos controlos de pessoas nas fronteiras internas, mesmo quando as "medidas compensatórias" em falta já estivessem todas adotadas. Na verdade, continuaria a ser necessário verificar, precisamente por ocasião da passagem delas, se a pessoa em causa é "nacional de um Estado-Membro" e, portanto, titular do "direito de circular livremente no território dos Estados-Membros, ou se é nacional de um país terceiro, a quem esse direito não assiste", exigindo a prova da nacionalidade de todas essas pessoas.

Noutra perspetiva, o TJ deu ao então artigo 14.°, n.° 2 – e atual artigo 26.°, n.° 2, do TFUE – uma interpretação incoerente com o preceito que o próprio Tratado de Amesterdão introduziu no anterior artigo 62.°, ponto 1, do Tratado de Roma – retomado nomeadamente pelo artigo 77.°, n.° 1, alínea *a)* –, onde se atribui à UE competência para adotar "medidas destinadas a assegurar, de acordo com o artigo 14.°, a ausência de controlos de pessoas, *quer se trate de cidadãos da União, quer de nacionais de países terceiros*, na passagem das fronteiras internas" (ênfase acrescentada).

---

[26] Ver *supra*, II.2.

3. Desde a entrada em vigor do Tratado de Lisboa, o TJ teve ocasião de se pronunciar duas vezes, no quadro do reenvio prejudicial, sobre a interpretação dos preceitos do CFS relativos à supressão do controlo fronteiriço nas fronteiras internas e à proibição de controlos de efeito equivalente (artigos 20.° e 21.°), em conjugação com o artigo 67.° do TFUE, na parte em que incumbe a União de assegurar a ausência de controlos de pessoas naquelas fronteiras. Curiosamente, as correspondentes questões prejudiciais foram-lhe colocadas por tribunais nacionais de cujas decisões não cabe recurso judicial de direito interno (a *Cour de Cassation* francesa e o *Raad van State* neerlandês) – e não por tribunais de instância, como poderia supor-se, uma vez revogado o anterior artigo 68.° do Tratado de Roma. Trata-se dos acórdãos de 22 de junho de 2010, Melki e Abdeli, e de 19 de julho de 2012, Atiqullah Adil, o primeiro proferido em processo de tramitação acelerada e o segundo, em processo prejudicial urgente[27].

Antes deles, o TJ tinha-se limitado a interpretar o artigo 62.°, ponto 1, do Tratado de Roma – antecessor do artigo 77.°, n.° 1, alínea *a)*, e n.° 2, alínea *e)*, conjugado com o artigo 67.°, n.° 2, do TFUE, mas redigido em termos cuja diferença torna discutível a extensão a estes últimos da interpretação dada ao primeiro – no sentido de que constitui mera base jurídica da ação do legislador da União "para adoção de medidas destinadas a assegurar a ausência de controlos de pessoas na passagem das fronteiras internas (...) não tendo, em si mesmo, por objeto ou por

[27] Proferidos respetivamente nos processos apensos C-188/10 e C-189/10 e no processo C-278/12 PPU.

efeito atribuir direitos aos nacionais de países terceiros, nem impor obrigações aos Estados-Membros"[28].

4. Tanto no acórdão de 22 de junho de 2010 como no de 19 de julho de 2012, os tribunais *a quo* pretendiam obter do TJ elementos de interpretação das citadas disposições de direito da UE que lhes permitissem decidir pela compatibilidade ou incompatibilidade das legislações nacionais aplicáveis, que permitiam às autoridades policiais controlarem, numa zona de 20 quilómetros a partir das fronteiras terrestres internas desativadas, a identidade de qualquer pessoa, (*i*) no primeiro caso, independentemente do seu comportamento e de circunstâncias particulares demonstrativas da existência de um risco de violação da ordem pública, a fim de verificarem se a pessoa controlada respeita as obrigações de posse, porte e apresentação dos títulos e dos documentos previstos na lei, e (*ii*) no segundo caso, sob determinadas condições e limites, a fim de verificar se a pessoa controlada preenche os requisitos de permanência legal exigidos no Estado-Membro em questão[29].

Tal como o TJ declarou no primeiro acórdão, resulta do artigo 21.°, alínea *a)*, do CFS – onde se enuncia o princípio da proibição de controlos equivalentes aos controlos nas fronteiras, complemento necessário do artigo 20.° – que *(i)* "os controlos no interior do território de um Estado-Membro só são proibidos quando tiverem um efeito equi-

---

[28] Ver o acórdão de 22 de outubro de 2009, Zurita e Choque, processos apensos C-261/08 e C-348/08, n.° 43.

[29] Cf. o n.° 58 do acórdão Melki e Abdeli e o n.° 38 do acórdão Atiqullah Adil.

valente ao dos controlos nas fronteiras" e *(ii)* o exercício das competências de polícia não pode considerar-se equivalente ao exercício de controlos de fronteira, nomeadamente nos casos em que as medidas adotadas "não tiverem como objetivo o controlo fronteiriço, se basearem em informações policiais de caráter geral e na experiência em matéria de possíveis ameaças à ordem pública, se destinarem particularmente a combater o crime transfronteiras, forem concebidas e *executadas* de uma forma claramente distinta dos controlos sistemáticos de pessoas nas fronteiras externas e, finalmente, forem *aplicadas* com base em controlos por amostragem"[30].

Tendo constatado que a legislação em causa conferia às autoridades policiais competência para controlar, unicamente numa zona de 20 quilómetros para o interior da fronteira interna terrestre do respetivo Estado-Membro, a identidade de qualquer pessoa, independentemente do comportamento desta e de circunstâncias particulares que demonstrem a existência de um risco de violação da ordem pública, a fim de verificar o respeito das obrigações de posse, porte e apresentação dos títulos e documentos previstos na lei, sem, no entanto, prever o necessário enquadramento dessa competência, guiando o poder de apreciação das autoridades a quem ela é conferida, de modo a garantir que o seu exercício prático não possa ter um efeito

---

[30] A este propósito, no seu relatório sobre a aplicação do Título III do CFS supracitado na nota 3, pp. 5 e 11, a Comissão entende que, se for necessário efetuar controlos periódicos e sistemáticos em resposta à situação de segurança dos territórios dos Estados-Membros, deve ser reintroduzido temporariamente o controlo fronteiriço nas fronteiras internas ao abrigo do artigo 23.° do CFS.

equivalente ao dos controlos de fronteiras, o TJ considerou-a incompatível, por esses motivos, com o artigo 67.°, n.° 2, do TFUE e com os artigos 20.° e 21.° do CFS[31].

Estando, como o próprio TJ salientou, esse enquadramento previsto no artigo 21.°, alínea *a)*, do CFS – instrumento jurídico de aplicação direta e dotado de primado sobre o direito nacional – não pareceria de excluir uma remissão para esse dispositivo, que obrigasse os órgãos executores e aplicadores nacionais a interpretar em conformidade com ele a legislação em causa, em vez de optar *ab initio* por uma solução que redunda, na prática, na obrigação de o legislador "transpor" tal dispositivo regulamentar para o seu direito interno.

5. A legislação nacional em causa no acórdão Atiqullah Adil, por seu lado, já tinha sido alterada para dar cumprimento ao acórdão Melki e Abdeli e, concretamente, para "garantir que o controlo dos estrangeiros no âmbito da luta contra a permanência ilegal após uma passagem de fronteira (...) não tenha um efeito equivalente ao dos controlos fronteiriços na aceção do Regulamento n.° 562/2006". O tribunal *a quo* interrogava-se, no entanto, acerca da compatibilidade com o artigo 21.° do CFS do "enquadramento" dos chamados "controlos móveis de segurança" (MTV)[32], previsto por essa legislação. Por força dela, tais

---

[31] Cf. os n.°s 69-70 e 74-75 do acórdão Melki e Abdeli, ênfase acrescentada.

[32] Como a advogada-geral Eleanor Sharpston explicou na sua tomada de posição neste processo, n.°s 59 e 68, o controlo MTV insere-se na luta contra a permanência irregular e incide especialmente sobre

controlos (*i*) devem basear-se "em informações gerais e na experiência em matéria de permanência ilegal de pessoas nos locais dos controlos", (*ii*) devem "ser efetuados em medida limitada a fim de obter essas informações gerais e dados ligados à experiência nesta matéria" e (*iii*) "o seu exercício está sujeito a certas limitações relativas, designadamente, à intensidade e à frequência".

O TJ esclareceu a este propósito que o artigo 21.°, alínea *a)*, do CFS "não prevê uma lista exaustiva de requisitos que as medidas policiais devem preencher para se considerar que não têm um efeito equivalente ao dos controlos de fronteira, nem uma lista exaustiva dos objetivos que essas medidas policiais podem prosseguir". Na esteira do acórdão Melki e Abdeli, recordou que aquele preceito não impede *a priori* as legislações nacionais de conferirem às autoridades policiais "competência especial para efetuar controlos de identidade limitados a uma zona fronteiriça"[33], na condição

---

os nacionais de países terceiros que já entraram no ELSJ e, quer essa entrada tenha sido regular quer clandestina, não têm, ou deixaram de ter, direito de residência no território neerlandês.

[33] Na tomada de posição citada na nota anterior, n.° 74 e nota 29, a advogada-geral recordou pertinentemente que o artigo 21.°, alínea *a)*, do CFS não contém nenhuma norma que obrigue os Estados-Membros a exercerem as suas competências de polícia de modo uniforme em todo o seu território, não constituindo, ao contrário da alínea *b)* do mesmo artigo, "uma base para esse paralelismo estrito entre os controlos nas zonas fronteiriças e no restante território". A proposta da Comissão no sentido de estabelecer esse paralelismo fora, aliás, expressamente rejeitada pelo Parlamento Europeu e pelo Conselho, com o fundamento de que as zonas fronteiriças podem apresentar um risco especial para a prática de crimes transfronteiriços.

de que algumas "precisões e limitações" sejam fixadas e respeitadas.

A conclusão foi a de que, assim interpretado, o artigo 21.°, conjugado com o artigo 20.°, não se opõe a que a legislação em causa no processo principal confira às autoridades policiais competência para verificarem se a pessoa controlada preenche os requisitos de permanência legal aplicáveis no Estado-Membro em questão, num raio de 20 quilómetros a partir da fronteira terrestre desativada, por as condições a que o seu exercício está sujeito constituírem um enquadramento adequado para impedir tais controlos de produzirem um efeito equivalente a controlos de fronteira[34].

IV. O Regime Aplicável à Reintrodução Temporária do Controlo de Pessoas nas Fronteiras Internas da União Europeia e as Propostas Tendentes à sua Revisão

1. Remonta aos Acordos de Schengen o entendimento – muito diverso do vigente em qualquer federação – de que o princípio fundamental da supressão dos controlos de pessoas nas fronteiras comuns dos Estados-Membros não preclude a possibilidade de, a título excecional e transitório, qualquer deles reintroduzir os controlos nessas frontei-

---

[34] Cf. os n.°s 20, 65, 69, 74 e 88 do acórdão Atiqullah Adil. Ver também a Comunicação da Comissão ao Parlamento Europeu e ao Conselho, *Relatório semestral sobre o funcionamento do espaço Schengen: 1 de novembro de 2011 – 30 de abril de 2012*, de 16-5-2012, COM(2012) 230 final, pp. 16-18.

ras com o objetivo de garantir a ordem ou a segurança públicas no respetivo território. O artigo 2.° da Convenção de Schengen (CS), começando por dispor no n.° 1 que "as fronteiras internas podem ser transpostas em qualquer local sem que o controlo das pessoas seja efetuado", acrescentava no n.° 2 que "todavia, por razões de ordem pública ou de segurança nacional, uma Parte Contratante pode, após consulta das outras Partes Contratantes, decidir que, durante um período limitado, serão efetuados nas fronteiras internas controlos fronteiriços nacionais adaptados à situação". Este último preceito previa ainda que, em caso de necessidade de ação imediata, bastaria ao Estado afetado informar *a posteriori*, "o mais rapidamente possível", os restantes das medidas tomadas para o efeito.

Como já se referiu, nenhuma das disposições dos Tratados da UE que se reportam ao ELSJ contempla expressamente a possibilidade de reintrodução dos controlos de pessoas nas fronteiras internas. Mas o CFS, que revogou aquele artigo da CS, retomou e desenvolveu o disposto no seu artigo 2.°, n.° 2, nos artigos 23.° a 31.° (capítulo II do Título III, "Reintrodução temporária do controlo fronteiriço nas fronteiras internas"), onde qualifica expressamente tal reintrodução como excecional. Por isso mesmo, o alcance e a duração do controlo "não devem exceder o estritamente necessário" para responder à "ameaça grave para a ordem pública ou a segurança interna". A realização de tal controlo só poderá prolongar-se para além de um período de trinta dias na medida em que a duração previsível da ameaça exceda esse período.

O Estado-Membro que preveja reintroduzir o controlo na sua fronteira interna, ou prolongar o que já esteja a ser realizado, deve informar previamente os demais Estados-Membros e a Comissão o mais rapidamente possível, transmitindo-lhes as razões da reintrodução prevista, assim como a data e a duração dela. A Comissão pode emitir parecer a tal respeito[35]. No âmbito deste procedimento de consulta, examina-se "a proporcionalidade das medidas em relação aos factos que originaram a reintrodução do controlo fronteiriço e os riscos para a ordem pública ou a segurança interna". Se for caso disso, podem organizar-se formas de cooperação entre os Estados-Membros. Em contrapartida, perante necessidades de ação urgente para fazer face à ameaça para a ordem pública ou a segurança interna, "o Estado-Membro em causa pode reintroduzir, a título excecional e de forma imediata, o controlo nas fronteiras internas, devendo sem demora informar desse facto os demais Estados-Membros e a Comissão". O público deve igualmente ser informado de qualquer decisão de reintroduzir tal controlo, "salvo se existirem razões imperiosas de segurança em contrário".

Tal como a Comissão tem pertinentemente salientado neste contexto, as decisões de recusa de entrada só podem ser tomadas por motivos ligados à reintrodução dos controlos. Por outro lado, não se convertendo, com ela, as fronteiras internas em fronteiras externas, não são aplicáveis as disposições relativas à aposição de carimbos em passa-

---

[35] No supracitado relatório sobre a aplicação do Título III do CFS, p. 9, a Comissão faz notar que o prazo para a emissão de tal parecer – contado entre a notificação dos Estados-Membros e a reintrodução *de facto* do controlo nas fronteiras internas no caso de acontecimentos previsíveis – é demasiado curto, não tendo emitido nenhum até à data.

portes ou à responsabilidade das empresas transportadoras. A Frontex também não pode participar em nenhuma operação que se realize durante o período de reintrodução dos controlos[36].

2. Da análise deste pormenorizado regime, resulta que as decisões tomadas por cada Estado-Membro em matéria de reintrodução de controlos de pessoas nas respetivas fronteiras internas constituem típicas "medidas de direito interno necessárias à execução dos atos juridicamente vinculativos da União" – no caso, um regulamento contendo o CFS –, que compete em geral aos Estados-Membros tomar nos termos do artigo 291.°, n.° 1, do TFUE. Sob este prisma, torna-se indispensável determinar se o caso em análise apresenta, ou não, características que o façam relevar do âmbito de aplicação da norma especial do n.° 2 do mesmo artigo, nos termos do qual, "quando sejam necessárias condições uniformes de execução dos atos juridicamente vinculativos da União", serão conferidas competências de execução à Comissão ou, em casos específicos devidamente justificados, ao Conselho.

Recorde-se, a título liminar, que o TJ já há muito esclareceu que as competências de execução aqui em causa compreendem "ao mesmo tempo a elaboração de normas de execução e a aplicação de normas a casos particulares por meio de atos de alcance individual". Isto porque "utilizando o Tratado o termo «execução» sem o restringir

[36] Cf. o relatório da Comissão sobre a aplicação do Título III do CFS, cit., pp. 9-10.

através de uma especificação adicional, esse termo não pode ser interpretado como excluindo os atos individuais". As "exigências da prática", por seu lado, confirmam que "a noção de execução deve ser interpretada de modo lato"[37].

Em face do que precede, coloca-se portanto a questão de saber se o CFS deve, ou não, complementar-se com uma disposição atribuindo à Comissão, ou eventualmente ao Conselho, competência para, em execução do disposto naquele código, decidir sobre a reintrodução concreta de controlos de pessoas em determinadas fronteiras internas da UE, por razões de ordem pública ou de segurança interna.

A Comissão entendeu que sim, apresentando, em 16 de setembro de 2011, ao abrigo do seu poder de iniciativa legislativa[38], uma proposta de alteração do CFS, e concretamente dos seus artigos 23.° a 33.°, incluindo o aditamento de mais dois artigos (23.°-A e 33.°-A), no sentido, por um lado, de lhe ser atribuída competência para tomar ela própria as decisões de reintrodução de controlos nas fronteiras internas nos denominados "casos previsíveis" do artigo 24.° daquele diploma, por sua iniciativa ou a pedido de um Estado-Membro, no quadro do "procedimento de exame" – modalidade de procedimento de comitologia

---

[37] Ver os acórdãos do TJ de 24 de outubro de 1989, Comissão contra Conselho, 16/88, in *Colect.* 1989, p. 3457, n.° 11, e de 15 de julho de 2004, Di Lenardo e Dilexport contra Ministero del Commercio con l'Estero, C-37/02 e C-38/02, n.° 55.

[38] Tal como precisa o artigo 17.°, n.° 2, primeira parte, do TUE, "os atos legislativos da União só podem ser adotados sob proposta da Comissão, salvo disposição em contrário dos Tratados".

previsto pelo Regulamento n.º 182/2011, de 16 de fevereiro, que estabelece as regras e os princípios gerais relativos aos mecanismos de controlo pelos Estados-Membros do exercício das competências de execução pela Comissão. Em contrapartida, de acordo com a mesma proposta, nos "casos que exijam ação imediata", ou seja, nos casos imprevisíveis, a competência para decidir sobre a reintrodução dos controlos de pessoas continuaria a caber integralmente aos Estados-Membros.

A Comissão fundamentou a competência que reivindica no impacto que qualquer decisão de reintrodução de controlos nas fronteiras internas tem ao nível da UE, por afetar a liberdade de circulação de pessoas que esta garante a título de princípio fundamental. Convirá, por conseguinte, que tais decisões sejam tomadas em "condições uniformes", estando a Comissão, sob este prisma – que é, bem vistas as coisas, o da subsidiariedade – mais bem posicionada para o efeito do que cada Estado-Membro individualmente considerado[39].

Por outro lado, a proposta da Comissão vai no sentido de poderem constituir motivo de reintrodução do controlo nas fronteiras internas *(i)* a constatação, através do mecanismo de avaliação próprio, de "deficiências graves rela-

[39] Ver a Proposta de Regulamento do Parlamento Europeu e do Conselho que altera o Regulamento (CE) n.º 562/2006 para estabelecer regras comuns sobre a reintrodução temporária do controlo nas fronteiras internas em circunstâncias excecionais, de 16-9-2011, COM(2011) 560 final, pp. 2-3, 5-6. Ver também a Comunicação da Comissão ao Parlamento Europeu, ao Conselho, ao Comité Económico e Social Europeu e ao Comité das Regiões, *Governação Schengen – reforçar o espaço sem controlos nas fronteiras internas*, da mesma data, COM(2011) 561 final, p. 6.

cionadas com o controlo das fronteiras externas" levado a cabo por um determinado Estado-Membro, ou *(ii)* a passagem das fronteiras externas desse Estado-Membro por um grande número de nacionais de países terceiros. Na segunda hipótese, a medida deverá ser "necessária para salvaguardar a ordem pública e a segurança interna, a nível da União ou a nível nacional, face a uma ameaça grave e premente".

3. A proposta de revisão do CFS apresentada pela Comissão constitui mais uma fase do processo desencadeado em consequência dos fluxos de imigrantes ilegais provenientes da Tunísia, e também da Líbia, com que a Itália se confrontou ao longo de 2011. Alegando falta de solidariedade da parte da UE, a Itália decidiu conceder generalizadamente autorizações de residência nacionais àqueles imigrantes. Uma vez que tais autorizações permitem a livre circulação no ELSJ até três meses, muitos desses imigrantes deslocaram-se imediatamente para França em razão do "efeito de chamada" da significativa comunidade tunisina aí residente.

Em reação à decisão do governo italiano, a França decidiu reintroduzir os controlos de pessoas na sua fronteira com a Itália. E foi na cimeira franco-italiana de 26 de abril de 2011 que nasceu a ideia de alterar o CFS no sentido de prever, como novo fundamento de reintrodução temporária dos controlos de pessoas nas fronteiras internas, a verificação de dificuldades excecionais e inultrapassáveis da parte de um Estado-Membro em controlar devidamente as suas fronteiras externas, designadamente por estas estarem a ser alvo de uma pressão imigratória anormal.

O Conselho Europeu de 23/24 de junho de 2011, por seu lado, pronunciou-se favoravelmente, "como medida de último recurso no âmbito de um mecanismo destinado a reagir a circunstâncias excecionais que ponham em risco o funcionamento global da cooperação Schengen", em relação à previsão de "uma cláusula de salvaguarda que autorize a reintrodução excecional de controlos nas fronteiras internas em situações verdadeiramente críticas em que um Estado-Membro deixe de poder cumprir as obrigações decorrentes das regras de Schengen", "com base em determinados critérios objetivos e numa avaliação comum e com um âmbito e um período de aplicação estritamente limitados"[40].

4. Não surpreenderá que a maioria dos Estados-Membros se tenha oposto veementemente ou, talvez melhor, emocionalmente à proposta da Comissão analisada, na parte em que ela lhes retira uma competência alegadamente reservada à soberania nacional pelo artigo 72.° do TFUE – nos termos do qual o dispositivo sobre o ELSJ (Título V da Parte III daquele tratado) "não prejudica o exercício das responsabilidades que incumbem aos Estados-Membros em matéria de manutenção da ordem pública e de garantia da segurança interna".

Porém, o argumento baseado no artigo 72.° do TFUE prova demais. Com efeito, do reconhecimento daquela competência genérica – que habilita os Estados-Membros a muito mais do que reintroduzir, transitória e excecional-

[40] Cf. o parágrafo 22 das Conclusões do Conselho Europeu de 23/24 de junho de 2011.

mente, os controlos nas respetivas fronteiras comuns – não se segue que a Comissão Europeia não possa ou não deva, em articulação com os Estados-Membros, adquirir competência para tomar determinadas decisões, em condições uniformes, que se traduzem em derrogações a uma política que o TFUE incumbe a própria UE de desenvolver. Trata-se da política de fronteiras, que visa antes de mais, nos termos do artigo 77.°, n.° 1, alínea *a)*, daquele tratado, "assegurar a ausência de quaisquer controlos de pessoas, independentemente da sua nacionalidade, na passagem das fronteiras internas".

Se é assim, tal como já se referiu acima, o princípio da subsidiariedade, invocado por vários parlamentos nacionais, entre os quais o português[41], contra a proposta da Comissão em análise, militará antes a favor dela. Com

[41] Ver a Resolução da Assembleia da República n.° 147/2011, de 4 de novembro, in *Diário da República*, 1.ª série, n.° 217, de 11-11-2011, p. 4826, considerando que a proposta da Comissão viola o princípio da subsidiariedade, na medida em que o TFUE reservou a matéria "para a esfera de soberania nacional dos Estados-Membros" e que "o objetivo a alcançar será mais eficazmente atingido através de cada um dos Estados-Membros *de per si* do que por uma ação comunitária". Abstraindo da questão de pormenor que é desatualização da expressão "ação comunitária" (como já se recordou, segundo o artigo 1.°, terceiro parágrafo, *in fine*, do TUE, "a União substitui-se e sucede à Comunidade Europeia"), sempre se dirá que, a ser verdade que a matéria em questão foi reservada "para a esfera de soberania nacional dos Estados-Membros" pelo próprio TFUE, como se sustenta na Resolução, então não haveria sequer que trazer à colação o princípio da subsidiariedade, que tem por âmbito de aplicação a competência partilhada entre a União e os Estados-Membros (artigo 5.°, n.° 3, do TUE), onde se enquadra o ELSJ [artigo 4.°, n.° 2, alínea *j)*, do TFUE].

efeito, à luz do artigo 5.°, n.° 3, do TUE, o objetivo da boa execução daquela política, através da tomada das decisões derrogatórias estritamente indispensáveis, com base em critérios uniformes, poderá, "devido às dimensões ou aos efeitos" dessas decisões "ser mais bem alcançado ao nível da União". A intervenção da Comissão neste contexto poderá evitar a prossecução de interesses exclusivamente individuais pelos Estados-Membros e o surgimento de conflitos entre eles.

Relembre-se a este propósito que, de acordo com a proposta em análise, os Estados-Membros mantêm integralmente a competência para decidir sobre a reintrodução dos controlos fronteiriços nos "casos imprevisíveis", em que sejam necessárias medidas imediatas. Mas recorde-se também que, de acordo com a mesma proposta, os Estados-Membros podem participar determinantemente nas decisões da Comissão em matéria de reintrodução dos controlos fronteiriços nos "casos previsíveis", tomadas em execução do CFS. Com efeito, o procedimento aplicável seria o de exame, estabelecido pelo citado Regulamento n.° 182/2011. Ora, tal como eloquentemente resume o seu 11.° considerando, "este procedimento deverá assegurar que os atos de execução não possam ser adotados pela Comissão se não estiverem conformes ao parecer do comité [composto por representantes dos Estados-Membros], salvo em circunstâncias muito excecionais, em que poderão aplicar-se durante um período de tempo limitado. Este procedimento deverá permitir à Comissão rever o projeto de ato de execução, caso o comité não dê parecer, tomando em consideração as opiniões expressas no seio do comité".

Note-se, enfim, que uma solução de compromisso a explorar para que a parte da proposta da Comissão em análise, naquilo que tem de mais conforme aos Tratados, não se torne uma mera "batalha perdida", seria, num primeiro momento, a atribuição ao Conselho (órgão composto por um representante de cada Estado-Membro ao nível ministerial), ao abrigo do artigo 291.°, n.° 2, do TFUE, da competência de execução que a Comissão reivindica, no pressuposto de que se estará em presença de "um caso específico devidamente justificado". De resto, a jurisprudência do TJ, e concretamente o acórdão de 18 de janeiro de 2005[42], não exclui uma solução deste tipo.

É certo que o TJ foi inequívoco quanto à obrigação de "justificar devidamente, em função da natureza e do conteúdo do ato de base a adotar ou a alterar", qualquer exceção à regra segundo a qual, no sistema dos Tratados, quando há que tomar, ao nível da UE, "medidas de execução de um ato de base, é à Comissão que compete, em princípio, exercer essa competência". No entanto, não descartou uma justificação baseada na sensibilidade da matéria para os Estados-Membros e no facto de tradicionalmente tal matéria estar sujeita à competência destes, para permitir que quando, devido à evolução do direito da UE, se tornem "necessárias condições uniformes de execução dos atos juridicamente vinculativos" desta (no caso o CFS), a correspondente competência seja cometida transitoriamente ao Conselho antes de ser atribuída à Comissão. Foi precisamente com base naquela justificação que o TJ considerou compatíveis com o Tratado de Roma dois regula-

[42] Proferido no processo Comissão contra Conselho, C-257/01.

mentos conferindo temporariamente ao Conselho competência de execução para estabelecer determinadas disposições de pormenor e procedimentos práticos relativos, por um lado, à realização do controlo e da vigilância das fronteiras e, por outro lado, à análise dos pedidos de visto, na imediata sequência da sujeição dessas matérias ao "método comunitário", operada pelo Tratado de Amesterdão[43].

V. Conclusão Provisória: o Adensar da Crise nas Fronteiras

A revisão do CFS teve um novo episódio com o envio, em vésperas do Conselho JAI de 26/27 de abril de 2012, de uma carta aberta à presidência, por iniciativa germano-francesa. Aí se propõe expressamente que, na hipótese de as medidas de apoio da UE (apoio técnico e financeiro, assistência, coordenação e intervenção da Frontex, etc.) não bastarem para o Estado-Membro delas destinatário – por enfrentar fortes pressões imigratórias nas suas fronteiras externas – voltar a garantir o devido controlo destas fronteiras, um ou mais Estados-Membros (no limite, todos os demais) possam reintroduzir controlos de pessoas nas

[43] Cf. os n.ºs 49-53 e 59 do acórdão citado na nota anterior. Em sentido contrário, ver as conclusões apresentadas no mesmo processo pelo advogado-geral Philippe Léger, considerando que, no caso concreto, não ficou estabelecida a especificidade da situação em que o Conselho se baseou para se reservar a competência de execução em causa e pronunciando-se, consequentemente, pela anulação dos regulamentos litigiosos (n.ºs 62-71).

suas fronteiras comuns com o primeiro, por um período não superior a trinta dias[44].

A proposta assenta, porém, numa hipótese que, se não ficar de todo em todo excluída através daquelas medidas de apoio ao Estado-Membro confrontado com condições particularmente adversas, será prova da mais rotunda falha da própria UE no seu conjunto, que se permitiria ostracizar um membro em tais condições. Além disso ela configurar-se-ia, na prática, como uma espécie de punição para o Estado-Membro em causa, como se ele fosse necessaria-

---

[44] A proposta pretende aditar aos artigos 23.° a 26.° do CFS, que permaneceriam inalterados, três artigos (X, X1 e X2, dos quais se transcrevem as seguintes passagens: "*Article X: Common assessment of measures of support. 1. In exceptional circumstances putting the overall functioning of the area without internal border control at risk the Commission in cooperation with the Member States shall assess the extent to which measures of support are necessary to adequately remedy the situation within the area without internal border control (common assessment) (…); Article X1: Coordination and recommendations. 1. Based on the common assessment the Commission shall in close cooperation with the Member States coordinate all measures of support at the European and at the national level including assistance by Union bodies such as Frontex, the EASO or Europol which are necessary to adequately remedy the situation within the area without border control (…); Article X2: Safeguard clause. 1. In exceptional circumstances as defined in Article X which have as a consequence a significant impact on the migration and border control situation in another Member State that Member State may in such a truly critical situation and as a last resort decide to reintroduce border control at its internal borders. (…) 3. Within a period of 30 days the Commission shall make a proposal whether to recommend the continuation or the termination of the temporary control at internal borders. (…) 4. The Council shall subsequently and without delay take a decision based on the Commission proposal either to recommend the continuation or the termination of the reintroduction of temporary controls at internal borders.*"

mente "culpado" por se encontrar confrontado com circunstâncias objetivamente para além do seu controlo. Dada a situação geopolítica que circunda a UE, não é difícil antever que Estados-Membros seriam os primeiros destinatários desta espécie de "medida punitiva" proposta pelo eixo germano-francês.

A proposta criticada afigura-se, portanto, de utilidade mais que duvidosa para a solução da "crise nas fronteiras da UE", solução que passará antes de mais pelo reforço dos meios de intervenção à disposição desta[45], para já não falar no indispensável reforço da solidariedade e da coesão entre os Estados-Membros perante problemas que a todos dizem respeito.

Para além disso, tal proposta reflete um tempo de ameaças à liberdade de circulação de pessoas, ditadas por ameaças decerto não menosprezáveis mas não raro hiperbolizadas, nomeadamente por razões de política eleitoral, à segurança dos Estados. Neste contexto muito particular, mas que tenderá a persistir, é mais do que nunca essencial

---

[45] Ver parcialmente neste sentido a proposta de regulamento que cria o Sistema Europeu de Vigilância das Fronteiras (EUROSUR), apresentado pela Comissão em 12-12-2011, COM(2011) 873 final, cujo objetivo é reforçar o controlo das fronteiras externas da UE, através do estabelecimento de um mecanismo de cooperação e de partilha de informações operacionais entre as autoridades dos Estados-Membros que realizam atividades de vigilância das fronteiras e também com a Frontex, "a fim de reduzir a perda de vidas humanas no mar e o número de imigrantes ilegais que entram na UE sem serem detetados, bem como reforçar a segurança interna através da prevenção da criminalidade transfronteiriça, como o tráfico de seres humanos e o contrabando de droga".

não desistir de colocar em efetiva concordância prática valores e princípios em permanente tensão como a liberdade e a segurança, sem ignorar, no quadro próprio da UE, as implicações em termos de funcionamento do mercado interno que nessa ponderação vão envolvidas.

DA "CONSTITUIÇÃO DA CRISE" À "CRISE DA CONSTITUIÇÃO"?*

JORGE BACELAR GOUVEIA**

I. Introdução

1.1. Bom dia de novo. Aqui ressurjo numa outra veste, agora de interveniente.

Também gostaria de dizer alguma coisa e não apenas limitar-me a ser o organizador deste Colóquio. Até porque este tema do Direito e a Crise – na minha perspetiva, do Direito Constitucional da Crise – ocupou-me durante uns quantos anos de vida quando tive ocasião de fazer a minha tese de doutoramento, que defendi em 23 de julho de 1999.

Na altura, publiquei essa tese – trago aqui o I Volume – e realmente, num certo sentido, fico "feliz" com esta crise: como então o livro teve poucas vendas, talvez surja aqui uma oportunidade para vender mais uns quantos exemplares destes dois volumes de "O estado de excepção no Direito Constitucional"[1], editado pela Livraria Almedina.

---

* Texto-síntese retirado da gravação da intervenção oral efetuada no 1.° painel do Colóquio "A Crise e o Direito".

** Professor Catedrático da Faculdade de Direito da Universidade Nova de Lisboa e da Universidade Autónoma de Lisboa. Advogado e Jurisconsulto. Email: jbg@fd.unl.pt; www.jorgebacelargouveia.com

[1] Cfr. Jorge Bacelar Gouveia, *O estado de excepção no Direito Constitucional – entre a eficiência e a normatividade das estruturas de defesa extraordinária da Cons-*

1.2. Claro que estou aqui a brincar, mas de facto este é um tema apaixonante. Muitos anos eu me dediquei ao Direito Constitucional de Exceção e isso tem um longo caminho na Teoria, na Dogmática e na História do Direito Constitucional.

Aliás, o Professor António Hespanha também a isso se referiu. Um dos autores que mais estudou o tema, se bem que num prisma específico, foi Carl Schmitt, no célebre livro que ele publicaria sobre a ditadura. É um tema central do Direito Constitucional.

E, na verdade, o estado de exceção tem características muito próprias, ao assentar numa lógica radical de modificação da Ordem Constitucional, se bem que com um propósito restrito, que é preservar essa mesma Ordem Constitucional.

Portanto, a um elemento material associa-se um elemento funcional numa relação causa-efeito. Por causa de uma crise, por causa de uma anormalidade, por causa de uma situação de exceção, muda-se a Ordem Constitucional com o objetivo de se repor, exatamente, essa Ordem Constitucional ou de se aguentar, no futuro, a sobrevivência dessa mesma Ordem Constitucional.

1.3. Costuma dizer-se que "em tempo de guerra não se limpam armas". É este o cerne do estado de exceção, ainda que com uma particularidade: tem de ser uma exceção temporária. O estado de exceção só pode existir numa

---

tituição, I e II vols., Coimbra, Almedina, 1998, e também *Manual de Direito Constitucional*, II vol., 4.ª ed., Coimbra, Almedina, 2011, pp. 1143 segs.

lógica de radical modificação da Ordem Constitucional sempre num efeito de duração temporária.

Porque se essa modificação, sendo radical, ainda que tenha o objetivo de permitir no futuro a reposição da Ordem Constitucional, não for temporária, ela significará automaticamente, não uma vicissitude constitucional legítima, mas uma rutura da Ordem Constitucional e a metamorfose da Ordem Constitucional – num contexto em que ela corresponda, em teoria, a um Estado de Direito Democrático – em situação de estado de exceção totalitário e a consequente rutura da própria Ordem Constitucional Democrática positiva.

Eis que este é o conceito, esta é a essência do estado de exceção, que tem também as suas regras estabelecidas em cada Constituição.

II. Exceção e Estado de Direito Democrático

2.1. Mas se há desafio importante nesta matéria é o desafio do Estado de Direito Democrático.

Nós hoje vivemos num paradigma de Constitucionalismo Social. Nestes duzentos anos da Idade Contemporânea em que nos encontramos, o Constitucionalismo implicou uma reconfiguração do Poder e do Estado: a Constituição escrita, a proclamação dos direitos fundamentais, a separação de poderes, a separação do Estado do fenómeno religioso.

Estas as várias características do Constitucionalismo, ainda com modulações e subfases dentro do Estado Constitucional, sobretudo entre a fase do Estado Liberal e a fase do Estado Social, e até há quem fale hoje num Estado pós-Social, pós-Moderno ou pós-Contemporâneo[2].

Contudo, no seio de todas essas características, *o que fica essencialmente do Constitucionalismo é a ideia da limitação do poder, a ideia de que é a Ordem Constitucional, é a Constituição que deve reger o poder, que deve domesticar o poder.*

Usando uma metáfora, podemos pensar que o poder é uma "fera selvagem": ora, aí temos a Constituição, a "domadora" dessa fera, que consegue em muitas ocasiões – nem sempre, infelizmente – domesticar essa fera e colocar essa fera na jaula, jaula que restringe a liberdade – que assim fica reduzida – dessa mesma fera.

Eis a essência do Constitucionalismo, a essência da limitação do poder através do Estado de Direito, que depois é muitas vezes explicitada por subprincípios[3]. Até se diz que o Estado de Direito é um super-princípio do qual depois se desfibram muitos subprincípios de âmbito mais restrito.

Gosto sempre de citar uma classificação de Constituições de um autor alemão, posterior a Carl Schmitt e muito diferente no seu modo de ver o Direito, Karl Loewenstein, na sua "Teoria da Constituição", que ofereceu uma classificação muito interessante de Constituição comparando a sua força e eficácia com relação à realidade constitucional. Karl Loewenstein distinguia entre as Constituições normativas, as nominais e as semânticas:

---

[2] Sobre o Estado Constitucional e as suas fases, v., por todos, Jorge Bacelar Gouveia, *Manual de Direito Constitucional*, I, 4.ª ed., Coimbra, 2011, pp. 206 e ss.

[3] Sobre o Estado de Direito em geral, v. Jorge Bacelar Gouveia, *Manual...*, II, pp. 791 e ss.

i) a Constituição normativa é aquela Constituição que consegue domesticar a realidade constitucional, consegue conter o poder;
ii) a Constituição nominal é aquela que ainda quer ter essa vontade, mas não consegue; e
iii) a Constituição semântica é, em si mesma, a perversão da Constituição e da função constitucional porque o texto constitucional deixa de limitar o poder e passa a estar ao serviço de um poder despótico, ditatorial ou totalitário.

2.2. Assim, o verdadeiro Constitucionalismo, em qualquer circunstância, corresponde a uma Constituição normativa, que dirige, regula e limita a própria realidade constitucional. E isto tem que ver, também, com o título desta minha pequena reflexão e julgo que devemos sempre lutar no sentido de haver uma "Constituição da Crise" e não uma "Crise da Constituição".

A crise é inevitável, a crise corresponde e obriga a uma mudança das regras aplicáveis, devemos aceitar isso. Se uma Constituição não for sensível à crise, essa Constituição deixaria de se aplicar, seria uma inutilidade porque estaria deslocada da realidade.

Porém, uma coisa é concebermos uma Constituição até certo ponto alternativa, embora essa palavra seja perigosa, da Constituição da normalidade, isto é, olharmos para a Constituição e percebermos que ela tem regras que só se aplicam no contexto de crise. Isso é legítimo.

O que já não é legítimo é enfrentarmos uma crise em que não haja sequer Constituição. Numa palavra: não haver uma Constituição da Crise, mas haver uma crise da própria Constituição.

Isso é profundamente ilegítimo. Mas, às vezes, é isso que pressinto, aqui e acolá, no discurso político, no discurso económico e no próprio discurso jurídico.

2.3. Voltando ao estado de exceção, qual é o grande problema do estado de exceção? Aliás, há autores que defendem *a existência do paradoxo do estado de exceção ou das opções dilemáticas do estado de exceção*[4].

É que o estado de exceção tem de obedecer a dois princípios orientadores que entre si são profundamente antagónicos: o estado de exceção, significando a mudança da Ordem Constitucional para superar uma crise temporária, tem de ser eficiente, ou seja, tem de pressupor uma mudança radical dessa Ordem Constitucional. É preciso mesmo suspender direitos, é preciso mesmo concentrar poderes e isso deve ser aceite em certas circunstâncias de crise.

Por exemplo, nas crises político-militares: sabemos que quando há um golpe de Estado pode haver suspensão de direitos, pode haver concentração de poderes nalguma instituição mais eficaz para combater essa crise, para que mais tarde se possa regressar à normalidade constitucional e se possa regressar à Constituição da normalidade; só que, temporariamente, podemos ter uma Constituição de Crise, uma Constituição excecionada ou regras excecionais.

---

[4] Cfr. Jorge Bacelar Gouveia, *O estado de excepção*..., I, pp. 31 segs.

2.4. *Esta é uma primeira linha: o estado de exceção tem de ser eficiente; se não for eficiente, não serve para nada, é uma inutilidade.* Mas não pode ser eficiente demais ao ponto de se desprender do seu fundamento de legitimidade, quer seja uma legitimidade jurídica, quer seja uma legitimidade política.

Em síntese: *o estado de exceção não pode ser um espaço de não-Direito, ou um espaço ajurídico ou um espaço em que certos princípios essenciais são postergados. O estado de exceção pode excecionar muita coisa, mas não pode excecionar certos princípios fundamentais do Direito.*

E, portanto, qualquer estado de exceção tem de ter o limite da normatividade, não pode ser um estado de exceção "desnormativo" ou "anormativo". Deve estar preso, ainda que por relações mínimas, a um fundamento de legitimidade, a um fundamento de legitimidade política e de legitimidade jurídica.

Assim se percebe que o estado de exceção viva esta situação complicada de ter de ser eficiente, tendo de ter capacidade de agir, caso contrário não resolveria o problema da crise; e também tem ser normativo, tem de estar limitado pelo Direito e pelos seus valores essenciais, sob pena de subverter a Ordem Constitucional que pretendia, em último termo, defender.

A Constituição nunca deve deixar de reger e de orientar uma situação de crise que se coloque num plano temporal limitado; contudo, ainda assim, deve manter o controlo do estado de exceção através dos seus valores.

III. O Estado de Exceção na História do Direito Constitucional

3.1. Este dilema – ou este equilíbrio instável – foi sempre a questão que acompanhou o estado de exceção na sua história. De resto, a sua história é longa, já aqui foi dito. Curiosamente, no tempo do Direito Romano, até havia um princípio geral, que era o princípio da *salus publica suprema lex*.

A salvação do Estado, a salvação da coisa pública, da república, justificava tudo. Tudo era possível para salvar o Estado. Este princípio é perigosíssimo porque normalmente quando era aplicado não tinha como resultado a salvação do Estado, antes a perpetuação de regimes políticos ditatoriais. Esta é a grande fragilidade de um princípio formulado com este elevado grau de abstração e sem ser um princípio regulamentado.

3.2. Embora no caso do Direito Romano seja curioso verificar que no tempo da República Romana havia regras específicas sobre a ditadura. Como sabem, a República Romana tinha 12 magistraturas e, curiosamente, o Direito Público Romano Republicano previa a distinção entre a normalidade e a exceção[5].

As magistraturas romanas normalmente tinham a duração de um ano, eram magistraturas colegiais duplas; mas se havia uma crise que pusesse em causa a salvação pública, era possível nomear um ditador que agisse sozinho, sem *intercessio,* não por um ano, mas por 6 meses, com mais poderes, liberto que ficaria de controlos da própria *intercessio* e também de controlos de outros órgãos.

3.3. Mais tarde, este assunto seria retomado pelo Direito Medieval, mas até hoje a luta é sempre essa, a da incorpo-

---

[5] Cfr. Jorge Bacelar Gouveia, *O estado de excepção...*, I, pp. 116 segs.

ração constitucional do estado de exceção, isto é, introduzi-lo na Ordem Constitucional sempre com esta preocupação de lhe dar força, de lhe dar capacidade de intervenção, de ser efetivo, o tal princípio da eficiência, mas com limites.

Porém, se também não tem nenhuns limites, o uso do mecanismo redunda numa rutura da Ordem Constitucional. Ora, o que se pretende é, evidentemente, a manutenção e a sobrevivência da Ordem Constitucional estabelecida, no pressuposto de uma Ordem Constitucional de um Estado de Direito Democrático.

3.4. Só para terem uma perceção do que é curioso nisto tudo, recordo também a figura histórica de outro génio político, que foi Napoleão Bonaparte. Claro que com Napoleão, como calculam, não havia nenhuma normatividade, havia só eficiência. No mecanismo de exceção que ele criou na I Constituição Napoleónica de 1799, a certa altura, no artigo 92.°, estava escrito o seguinte: "*Em caso de revolta armada, ou de perturbações que ameacem a segurança do Estado, a lei poderá suspender, nos lugares e pelo tempo por ela determinados, o império da Constituição*".

Aqui está o exemplo de algo que nunca seria possível em Estado de Direito Democrático porque num verdadeiro Estado de Direito Democrático a Constituição não pode ser suspensa na sua globalidade: se ela é totalmente suspensa, não sobra nada na Ordem Constitucional da Normalidade e para que haja um estado de exceção em Estado de Direito alguma coisa da Ordem Constitucional da normalidade tem de subsistir. Nunca se pode aceitar um esvaziamento completo da Constituição da Normalidade.

IV. Estado de Exceção Económico-Financeiro

4.1. Bom, mas agora a questão concreta que se coloca é esta: perante a crise económica que nós vivemos, e em Portugal esse assunto até já tem sido referido, há algum estado de exceção económico que permita a suspensão de direitos?

Sobretudo falando agora da perspetiva que nos interessa em particular, e eu como pobre funcionário público também falo nessa qualidade (mesmo pobre no sentido estrito da palavra, cada vez mais pobre), que é a possibilidade da suspensão de subsídios ou da redução dos nossos salários, ou dos pensionistas, toda essa questão que se tem colocado sobretudo do lado dos direitos de que os cidadãos são portadores e que impliquem uma prestação económica por parte do Estado, em que haja uma prestação de dimensão económica ou financeira.

Tenho ouvido muitas pessoas falar sobre isto. Há um meta-discurso político e mediático que neste momento não me interessa referir, embora já tenha entrado nele. Mas num discurso de natureza jurídica, muitos têm dito: "bem, estes direitos não podem ser reduzidos, não podem ser suspensos, porque não foi declarado o estado de exceção." Já ouvi isto várias vezes.

4.2. Tenho as maiores dúvidas de que possa efetivamente haver um estado de exceção económico porque a nossa Constituição, no seu artigo 19.°, agora falando numa ótica de Direito Constitucional Português positivo, apenas admite um estado de exceção político-militar e de natureza social.

A nossa Constituição prevê dois subtipos de estados de exceção, ainda que substancialmente seja um só, o estado de sítio e o estado de emergência:

- o estado de sítio corresponde a uma crise político-militar, portanto, um golpe de Estado, uma "invasão espanhola" e coisas equiparadas dentro do nosso fantasma – embora haja aqui um professor espanhol na assistência que eu saúdo;
- o estado de emergência adequa-se a uma crise social, como uma epidemia, umas cheias, um terramoto, um incêndio que obrigue a evacuar uma cidade, uma epidemia de ébola, por exemplo, que obrigasse a isolar uma cidade suspendendo os direitos de circulação das pessoas e outros direitos conexos.

Com efeito, a Constituição, no artigo 19.°, não refere nunca, como motivo para suspender direitos, a crise económica. Jamais refere esse motivo como causa para suspender direitos.

E muitos autores, colegas inclusivamente, têm dito: "Bom, então se é assim, não é legítimo suspender esses direitos porque a nossa Constituição não permite a declaração do estado de exceção para suspender direitos com base nessa causa".

4.3. O estado de exceção não prevê essa suspensão: assim sendo, aplicar-se-ia a regra geral, que é a de não poder haver suspensão. A suspensão é que é excecional e só pode haver suspensão nos exatos termos previstos pela Constituição, segundo uma regra de reserva de Constituição.

Penso que isso é um raciocínio errado e, além do mais, inútil, atendendo ao facto de a realidade aí estar, a obrigar-nos a enfrentar os factos iniludíveis de uma crise económico-financeira do Estado e das instituições.

Agora, o problema, a meu ver, não pode ser visto com essa simplicidade, isso é uma maneira demasiado simplória de observar a questão. Embora eu compreenda a preocupação de as pessoas se revoltarem contra essa suspensão e essa redução e de quererem, legitimamente, esgrimir os seus argumentos.

É preciso referir que o estado de exceção em Portugal não é um estado de exceção económico: podia ser, mas não é, não tendo sido essa a opção do legislador constituinte português.

Podemos criticar as opções do estado de exceção porque, a meu ver, o nosso estado de exceção é muito fraco, quase nada muda quando se declara o estado de exceção na medida em que os órgãos de soberania mantêm as suas competências: a suspensão de direitos é uma suspensão muito reduzida em comparação com outros países nos quais, perante crises político-militares, os estados de exceção são muito mais fortes do que o nosso.

Todo esta "fraqueza" do estado de exceção português se compreende, no entanto, por um trauma político-constitucional da Constituição de 1933. Quando os constituintes fizeram, em 1976, o texto constitucional, tiveram receio de admitir amplos poderes numa situação de estado de exceção, com a probabilidade de isso se convolar no regresso a uma ditadura. E, por isso, o nosso estado de exceção (que foi usado uns dias em 1975), se for necessário declará-lo para combater uma crise politica ou militar, um golpe de estado, é um estado de exceção muito fraco, e tenho as maiores dúvidas de que possa resolver uma crise dessa gravidade.

A verdade, porém, é que a nossa opção não foi a opção por um estado de exceção económico, não foi incorporada essa causa. Simplesmente, a crise existe e a Constituição não pode deixar de resolver esse problema. Então como é que esse problema pode ser resolvido?

4.4. Há várias maneiras de fazer uma aproximação, talvez tópica, a essa questão, percorrendo alguns institutos que suscitam uma solução – ou sugerem uma solução – para esse problema.

Regra geral esses direitos que são direitos dependentes ou associados a uma prestação económica ou financeira do Estado, em grande medida são direitos económicos e sociais, não são direitos, liberdades e garantias, e o estado de exceção consagrado na nossa Constituição visa essencialmente os direitos, liberdades e garantias.

Ora, em relação aos direitos económicos, sociais e culturais, sabemos que, sendo direitos que têm uma proteção constitucional mínima ou razoável, em grande medida são desenvolvidos e concretizados pela legislação ordinária e sabemos que esses direitos estão dependentes daquilo que é economicamente possível. São direitos afirmados sob a reserva daquilo que for económica e socialmente possível.

Em grande medida, a diminuição do financiamento do Estado – uma crise financeira do Estado – vai determinar uma perda automática de eficácia desses direitos na Ordem Legal. Esses direitos são direitos dependentes da reunião de condições financeiras e sociais para que possam ser plenamente aplicáveis. Aliás, eles são direitos "elásticos", alargam-se quando há uma expansão económica e reduzem-se na sua amplitude quando há uma recessão económica. E não pode ser de outra maneira porque agir diferentemente é fechar os olhos à realidade constitucional e ela impor-se-á sempre.

Nesse caso, a solução passará pela possível redução desses direitos, com o fundamento da crise económica, o que não significa que esses direitos desapareçam, antes tal acarretando um enfraquecimento temporário desses direitos. Julgo ser esta a melhor aproximação ao problema.

4.5. A este propósito, também se fala muito na Dogmática dos Direitos Fundamentais acerca da existência de um princípio de não retrocesso social. Alguns constitucionalistas afirmam que há um princípio geral de não retrocesso social. A meu ver, esse princípio não existe. Esse princípio, como princípio geral, não pode funcionar[6].

A construção do suposto princípio do não retrocesso social dependeria de duas coisas. Depende, desde logo, das condições económicas do país. Perante uma situação de recessão, não me parece que esse princípio possa ser aplicado juridicamente. E depois pode haver, em cada direito económico ou social, um maior ou menor espaço discricionário do legislador, no sentido de ter mais ou menos margem de manobra, conforme o grau de densidade que esse valor atingiu na própria Constituição, ou, enfim, se-

---

[6] Cfr. Jorge Bacelar Gouveia, *Manual...*, II, pp. 1065 segs.

gundo outro critério, o grau de eticidade desse mesmo direito plasmado na Constituição.

Isto não significa desvitalizar os direitos económicos ou sociais, não é isso; significa antes ter uma visão realista em relação aos direitos económicos e sociais, que têm uma eficácia diferente, não uma eficácia imediata, comparando esses direitos com os direitos, liberdades e garantias.

V. Outras Respostas do Direito Constitucional à Crise Económico-Financeira

5.1. Esta é uma questão que se tem colocado, mas não é a única, pois no contexto dos mecanismos de resposta à crise, também podemos pensar já em aspetos mais de Direito Fiscal ou Direito Financeiro. Como questões que tenham a ver com impostos temporários, é possível aplicar impostos temporários, como aconteceu, aliás, com a sobretaxa – dita taxa mas sendo imposto – que nós tivemos de pagar em dezembro de 2011.

Quer isto dizer que há outros mecanismos que têm de ser admitidos numa lógica de crise e de Direito da Crise, para além de outras questões que se possam colocar, como a evocação da alteração das circunstâncias, etc.

5.2. O meu ponto de partida é um ponto de partida segundo o qual uma Constituição deve acomodar um contexto de crise, de acordo com os órgãos de soberania estabelecidos e legitimados. Seria uma loucura que uma Constituição fosse absolutamente insensível e rigidificasse ao extremo posições de direitos sociais ou até mesmo desconsiderasse por completo a relevância da própria crise económica e financeira na sua inevitável refração constitucional.

Sendo este o ponto de partida, não é ele o ponto de chegada. Sendo este o ponto de partida, isto não significa que esses direitos possam ser retirados arbitrariamente, isto não significa que essas reduções possam ser feitas abusivamente.

Admitindo que num tempo de crise possa haver restrições, ainda assim um tempo de crise não é um tempo em que se apagam princípios constitucionais, os quais também devem reger as situações de crise e fazem parte da tal "Constituição de Crise", que surge ao lado da "Constituição da Normalidade".

5.3. O que eu vejo em relação a essa questão da suspensão dos subsídios de férias e de Natal – estou a dar esse exemplo, mas poderia dar outros – é o desrespeito desses princípios porque essa suspensão não se aplicou a outros trabalhadores, só se aplicou à função pública.

E, na verdade, essa suspensão, ao contrário do que às vezes se afirma, não é apenas para financiar o Estado através da redução da correspondente despesa pública. O que há é a aplicação de um "imposto" apenas pago por uma parte da população, que teria capacidade contributiva para pagar esse imposto, que são os funcionários públicos.

Só aplicar essa medida a um grupo de cidadãos, como se eles fossem os únicos causadores da crise, viola flagrantemente princípios constitucionais em matéria de tributação, quanto mais não seja o princípio da capacidade contributiva e o princípio da igualdade na distribuição dos encargos.

5.4. Isto para já não falar do princípio da proporcionalidade, aqui considerando, por exemplo, a situação das pessoas reformadas, que estão numa situação de vida difícil, em que há pessoas envelhecidas, que já não podem trabalhar, que têm maiores despesas com medicamentos, ou que estão em lares. Nem sempre a situação de pensionista é assim tão boa como parece... E isso provoca uma dificuldade de proporcionalidade na imposição destes encargos e destas suspensões.

Para além de outro problema – um problema, pelos vistos, dos tempos pós-modernos – que é o da ausência de confiança. Porque o que hoje é verdade, amanhã é mentira. E nunca mais vai ser verdade, infelizmente.

O que se tem vindo a verificar é uma alteração constante e abrupta, injustificada e errática das leis aplicáveis, a qual põe em causa, também, o percurso de carreiras.

Se eu soubesse o que sei hoje, antes de ter entrado na carreira universitária, não sei se aqui estaria, fazendo agora um raciocínio hipotético, embora o problema do dinheiro, para mim, seja relativamente secundário.

Creio que esta questão dos subsídios, em particular, e, em geral, a das reduções impostas em direitos, podem ter este tipo de solução: aceitar essa redução se for temporária, em nome de uma crise, desde que seja aprovada por órgãos democraticamente legitimados, mas sempre respeitando um conjunto de princípios fundamentais que continuam a prevalecer, mesmo num contexto de crise, em que se admite uma radical transformação da Ordem Constitucional, ainda que não em matéria destes princípios.

5.5. Permitam-me ainda chamar a atenção para outra questão que tenho referido em algumas intervenções públicas – mais como cidadão do que como professor – e que se prende com o facto de não haver um conjunto de medidas associadas às parcerias público-privadas.

Tem-se dito que não se pode reduzir a despesa do Estado em relação às parcerias público-privadas porque as parcerias público-privadas são fixas, ou são reguladas por um contrato, e a vontade contratual é sagrada, não se podendo alterar os contratos.

Ora, eu pergunto, então não há uma mesma vontade contratual no vínculo de um funcionário público? Eu tenho um contrato com uma instituição pública, no caso com a Universidade Nova de Lisboa. Então o meu contrato vale menos, a minha vontade e a minha palavra valem menos do que um contrato entre uma multinacional e o Estado português, ou um município, ou uma entidade pública em geral?

Se é pela lógica do contrato, então o contrato é o mesmo. Dessa perspetiva, os contratos da função pública até seriam mais importantes porque envolvem o trabalho humano. O trabalho humano tem mais dignidade do que as batatas, ou o arroz, ou a ponte, ou os ferros ou umas quantas obras rodoviárias…

Numa argumentação, digamos assim, também personalista, de que a Constituição é portadora, o trabalho humano que é desenvolvido pelo funcionário público deveria ter uma proteção específica.

E o certo é que foi tomada uma medida de imediata redução e suspensão desses salários, sem uma medida concomitante equivalente aplicável às parcerias público-privadas.

Como sabem, há uma comissão parlamentar de inquérito que está a fazer um levantamento importante em todas as parcerias público-privadas. Ainda ontem estive com uma pessoa bem colocada nesses meandros que me disse que estão para surgir revelações surpreendentes, como se pode calcular aliás, em relação às parcerias público-privadas: contratos nulos, contratos altamente lesivos do interesse público, dinheiro que é dado sem fundamento contratual e legal, enfim, coisas deste género.

5.6. É importante que haja essa investigação, pois é uma investigação parlamentar que prestigia o Parlamento e será feita até julho de 2012. E depois, segundo me dizem, espero, seguir-se-á um conjunto de medidas, no sentido de também fazer aplicar, no contexto do Direito Administrativo dos contratos públicos, um princípio de crise que até agora no Direito Administrativo só foi aplicado no Direito do Emprego Público, mas nunca foi aplicado no Direito dos Contratos Públicos.

E até sabemos que, provavelmente, não seria necessário ao Estado fazer uma legislação especial em matéria de PPP's porque os princípios gerais de Direito Administrativo têm sempre de acomodar, não só a proteção do interesse público, como a alteração fundamental das circunstâncias.

É certo que também se deve admitir que haja empresas, multinacionais ou não, que estejam na miséria, estejam a sofrer a crise. A crise é para todos, também é para os operadores, é para os capitalistas, não é só para os trabalhadores. Pode haver zonas da atividade comercial ou industrial em que a crise do mesmo modo se faça sentir e da parte dos empresários haja esse problema, mesmo os empresários supostamente favorecidos que fazem contratos de PPP's com o Estado.

Agora, o que é importante é que haja uma aplicação igual na distribuição dos sacrifícios entre todos os operadores económicos, numa perspetiva equitativa. Não numa lógica de pensar que há um setor de atividade do Estado que gasta muito dinheiro e que supostamente "não faz nada", que são os funcionários públicos, apenas sendo eles a merecerem ser punidos pela suspensão dos seus subsídios.

5.7. Às vezes, diz-se que os funcionários ganham demais. Não sei como é que isso pode estar provado. Para já, há certas profissões que só existem na função pública. Um juiz ganha demais? Mas qual é o termo de comparação? Ganha demais em relação a quem? Há juízes privados? Talvez os árbitros, mas em relação a esses os juízes públicos ganham é de menos, não ganham demais. Portanto, a comparação não existe. Nas profissões que são exclusivamente públicas, onde é que está o termo de comparação? Não existe.

Depois também se tem pensado em introduzir um corte geral de 20% na despesa pública com as PPP's. Mas logo se diz: "Ah, mas isso não é possível porque, mesmo que se fizesse isso, não se resolveria o problema da despesa pública", uma vez que a massa salarial – de facto, é verdade, do ponto de vista de despesa corrente do Estado – corresponde a 2/3 da despesa total.

Mas, mesmo que não resolvesse o problema, certamente essa regra o minoraria e, sobretudo, introduziria um tónus de justiça, de os cidadãos não ficarem a pensar que são os únicos culpados e que têm de suportar uma crise que deve ser repartida por todos, sejam trabalhadores ou não trabalhadores, sejam portugueses ou estrangeiros.

5.8. Também se diz, em relação às PPP's, que é muito difícil mexer nesses contratos porque essas empresas – e acreditem que não quero a diabolização dessas empresas que fazem os contratos de PPP's – estão muito bem defendidas por escritórios de advogados poderosos, que é muito difícil contornar a argumentação jurídica desses escritórios e dessas pessoas que fazem pareceres, alguns professores até, para esses escritórios.

Penso que esse argumento é muito fraco. Sinceramente, eu não acredito que se o Estado fizer uma alteração legislativa que imponha um princípio de crise e obrigue uma redução da sua despesa, apareça um tribunal administrativo – e temos aqui o Senhor Presidente do Supremo Tribunal Administrativo – a dizer que essa modificação do contrato é inconstitucional por violar o princípio *pacta sunt servanda*.

Então isso não é inconstitucional em relação aos funcionários públicos, o Tribunal Constitucional já o disse, e seria inconstitucional em relação a um contrato de PPP's? Isso eu nunca conseguiria compreender.

Estas as minhas reflexões, sempre um pouco provocatórias como eu gosto. Agradeço muito a vossa atenção e muito obrigado pela vossa presença.

A CRISE:
UM NOVO DIREITO ADMINISTRATIVO?*

PAULO OTERO**

I. Introdução

1.1. A presente intervenção, inserida num seminário sobre a crise e o Direito, vai versar sobre a sua projeção no âmbito do Direito Administrativo, adotando-se uma análise baseada numa metodologia de diálogo entre o Direito Administrativo e a Ciência da Administração, sem esquecer a importância crescente que exerce neste domínio o Direito Constitucional e o Direito da União Europeia.

1.2. Antecipando as linhas a defender ao longo da intervenção, dir-se-á que se procuram transmitir duas ideias centrais:

(i) Primeira ideia: identificar os fatores de crise do Direito Administrativo, defendendo-se a tese de que esses fatores são anteriores à crise financeira despoletada a partir de 2008;

---

* Texto da conferência proferida no 1.° painel do Colóquio "A Crise e o Direito". Manteve-se o tom oralizante do discurso, apesar de se omitirem as palavras de circunstância. A intervenção pode ser visionada em http://www.youtube.com/watch?v=_KjC6VQPHMg&list=LLYuhTnO3z3sODR8VQKD13Dw&feature=mh_lolz

** Professor Catedrático da Faculdade de Direito da Universidade de Lisboa.

(ii) Segunda ideia: as principais interrogações que uma reforma administrativa hoje coloca conduzem a saber se um novo Direito Administrativo ainda se mostra possível dentro desta III República ou, pelo contrário, se exige uma nova República.

1.3. A exiguidade do tempo de intervenção permite suscitar questões, levantar interrogações, sem que autorize adiantar soluções ou justificar respostas que se deixam implícitas.

II. Identificação dos Fatores de Crise: entre o Passado e o Presente

2.1. A III República tem revelado, ao longo das suas quase quatro décadas de existência, três diferentes vias de impulso normativo de reforma do Direito Administrativo:

(i) Num primeiro momento, por via do texto constitucional, a Constituição de 1976 e as suas sucessivas revisões geraram os pressupostos de uma Administração Pública democrática, prestadora, participada e garantística: o Direito Administrativo constitucionalizou-se e, simultaneamente, o modelo constitucional de bem-estar tornou a Constituição refém da Administração Pública;

(ii) Uma segunda via de reforma do Direito Administrativo encontra a sua explicação na integração de Portugal no âmbito da União Europeia, gerando, por via do primado do seu Direito, da harmonização e aproximação das legislações internas e ainda da transformação da Administração portuguesa em executora do Direito da União Europeia, um fenómeno de europeização do Direito Administrativo português: ninguém hoje pode dizer que conhece ou sabe Direito Administrativo se ignorar o Direito da União Europeia (tal como o inverso também é, cada vez mais, verdadeiro, transformado que está o Direito da União Europeia, predominantemente, em Direito Administrativo);

(iii) A terceira via de reforma do Direito Administrativo tem a sua origem na lei ordinária interna, podendo aqui recortar-se três grandes reformas estruturais: as reformas do contencioso administrativo de 1984//85 e de 2002; num plano substantivo, a aprovação, em 1992, do Código do Procedimento Administrativo; e, desde meados da década de oitenta do século XX, a progressiva privatização (formal, material e reguladora) da Administração Pública.

2.2. As mencionadas vias de impulso do Direito Administrativo desta III República têm sofrido, porém, uma profunda degeneração ou erosão, podendo aqui recortar-se, desde logo, um conjunto de fatores internos de crise.

Limitemos a referência ao seguinte elenco telegráfico:

(i) A quase total partidarização ou colonização da Administração Pública pelos partidos políticos: se excetuarmos certos níveis decisórios das universidades públicas e das associações públicas, toda a

Administração Pública se encontra controlada pelos partidos políticos, existindo mesmo quase a convicção pelo partido que ganha as eleições de que se pode apoderar do aparelho estadual – fala-se, nesse sentido, no "Estado rosa" ou no "Estado laranja";

(ii) Essa partidarização da Administração Pública, substituindo o mérito e a idoneidade pela cunha, o compadrio e a fidelidade política, transforma a natureza jurídica das nomeações governamentais que, em vez de serem genuínos atos administrativos, são puros atos políticos: a eventual competência técnica dos nomeados surge sempre ofuscada por uma dúvida ou presunção contrária;

(iii) Se o compadrio e a fidelidade política substituem a meritocracia ou a tecnicidade das nomeações, então é o cerne do princípio republicano que é colocado em causa, perpassando, junto da opinião pública, a ideia de uma Administração Pública incompetente, parcial, permeável a interesses obscuros e corrupta: a honorabilidade da "mulher de César" encontra-se devastada;

(iv) Esta verdadeira "ditadura" dos partidos políticos em que se vive, dentro e fora da Administração Pública, repercute-se também ao nível do sistema político: a existência de uma maioria política parlamentar significa que a mesma é controlada pelo chefe do executivo, seu líder e primeiro-ministro, não existindo qualquer efetiva responsabilidade política do órgão executivo (nem a nível central, nem a nível regional, nem a nível autárquico), observando-se até uma confluência de interesses e uma convergência de métodos de governo entre os dois maiores partidos políticos;

(v) Por outro lado, a legislação administrativa produzida ao longo destes anos se, por um lado, assenta na falta de unidade e até de convergência de soluções, revelando a ausência de preocupações de reforma global, mostra-se (quase sempre) tardia, incompleta, imperfeita e de uma infinita complexidade reguladora – se forem precisos exemplos, limitá-los-ei ao Código dos Contratos Públicos, à lei da responsabilidade extracontratual das entidades públicas e à legislação do contencioso administrativo;

(vi) Até a própria aplicação administrativa e jurisprudencial da legislação administrativa contribui para essa crise global das instituições e inovações do Direito Administrativo, gerando fenómenos de erosão e esquecimento da Constituição, preferindo-se sempre uma solução conforme à prática habitual, em vez de se procurarem soluções mais conformes à lei nova – o passado tem mais força na máquina administrativa e na decisão judicial do que o presente; na prática, sem que a Administração ou os tribunais o digam, o precedente decisório tem uma força jurídica superior à lei nova;

(vii) Por último, a privatização do Estado e da Administração Pública, numa verdadeira fúria privatizadora, fez substituir o lema "menos Estado, melhor Estado" pela máxima "tudo pelo mercado, nada contra o mercado", reconduzindo um tal neoliberalismo sem limites a uma convergente e paradoxal tendência anarquista: a destruição do aparelho do Estado e consigo da tradicional Administração Pública permite observar um progressivo e silencioso suicídio do Estado-administrador.

2.3. Num Estado sem uma cultura democrática enraizada, habituado ainda a ver aquele que de nós diverge como um inimigo, em vez de um igual, numa postura genérica de quem é titular de um cargo se entender como possuidor de uma prerrogativa de autoridade, em vez de vinculado a um especial dever de servir a coletividade, não há reforma administrativa ou de Direito Administrativo que faça milagres: a todos os anteriores fatores de crise junta-se uma estrutural falta de ética personalista e de entendimento da prossecução do interesse público como serviço à coletividade.

Esquece-se, em síntese, que administrar é sempre gerir interesses alheios, segundo critérios jurídicos de decisão e pelos quais se tem de prestar contas: administrar não é satisfazer interesses próprios, sem vinculações e livre de qualquer responsabilidade – interesse público, vinculação e responsabilidade são os três conceitos nucleares do Direito Administrativo e de uma ética de exercício de qualquer função pública.

2.4. A partir de setembro de 2008, uma crise internacional abateu-se sobre os Estados e, por essa via, novos fatores de crise atingem hoje o Direito Administrativo português:

(i) A crise financeira colocou em causa o modelo de Estado social, gerando o retrocesso de um movimento político até então em sentido ascendente, envolvendo sempre novos e maiores níveis de bem-estar: a Administração prestadora tomou consciência dos custos financeiros dos direitos fundamentais, desde logo porque todos os direitos envolvem deveres, e os partidos políticos aperceberam-se que as promessas eleitorais têm custos financeiros que o sistema fiscal não pode suportar ilimitadamente;

(ii) O Memorando de Acordo com a Troika envolveu a transformação de Portugal num protetorado internacional, sujeito a intervenção e fiscalização externa, num processo de negociação e aprovação totalmente extraparlamentar e revelando uma clara falência da força normativa da Constituição: a Constituição de 1976 tornou-se hoje, em largos domínios, um mito histórico, vivendo num verdadeiro "coma jurídico";

(iii) A necessidade financeira, numa situação de emergência, passou a ditar a lei fundamental do país, envolvendo a execução interna do Memorando de Acordo com a Troika, cenário em que o próprio Tribunal Constitucional sanciona a excecionalidade de medidas, qualificadas de transitórias ou até permi-

[1] Nota posterior à intervenção: em 2013, a propósito da fiscalização da constitucionalidade da lei do orçamento de 2012, o Tribunal Constitucional tentou inverter esse sentido decisório, fazendo "prova de vida" da Constituição. Por saber fica, no entanto, se a situação material de estado de necessidade financeira ainda se encontra ao alcance do texto escrito da Constituição ou, pelo contrário, se o ultrapassa, numa manifestação da força dos factos decorrentes da própria situação de necessidade".

tindo que atos inconstitucionais continuem a produzir efeitos depois da sentença que os declara inválidos, tudo num ambiente de verdadeira indiferença pela "Constituição oficial" ou escrita;

(iv) O Governo, numa postura de intervenção administrativa e financeira só comparável ao compromisso que, em 1928, levou o Doutor Salazar a assumir a pasta das Finanças, revela um exercício centrípeto do princípio da subsidiariedade, num contexto neoliberal, executando um programa político heterovinculativo, produto da convergência entre os maiores partidos políticos e que tinha como seu primeiro destinatário o atual principal partido da oposição;

(v) O Direito Administrativo encontra-se numa fase de forçada e inevitável racionalização de meios e de estruturas da Administração Pública: a preocupação de consolidação orçamental dita a redução dos níveis prestacionais – fazendo da ideia de proibição de retrocesso social uma teoria arqueológica –, uma previsível revisão de contratos administrativos – desde logo, as parcerias público-privadas –, o cancelamento de procedimentos concursais envolvendo grandes investimentos em obras públicas, a fusão e extinção de estruturas orgânicas administrativas, o congelamento de admissões na função pública, a alienação de bens visando reduzir despesas e aumentar receitas, a limitação da capacidade de endividamento das entidades infra-estaduais e do setor empresarial público.

2.5. Deparamos hoje, neste último sentido, com uma rara oportunidade de repensar os alicerces e as soluções organizativas e funcionais aplicáveis à Administração Pública, tudo se resumindo na resposta à seguinte interrogação: será que a crise dita um novo Direito Administrativo?

É o que importa averiguar.

III. As Áreas de uma Futura Reforma Administrativa: Principais Interrogações

3.1. Independentemente das imposições inscritas no texto da "Constituição oficial", valeria a pena refletir, num primeiro momento, sobre as seguintes opções estruturais ou constitucionais em matéria de organização e funcionamento da Administração Pública:

(i) Primeira reflexão: em que ponto, à luz de um Estado fundado na dignidade da pessoa humana, se alcança um nível ótimo de justiça social na relação existente entre bem-estar social, expressão de uma Administração prestadora, e capacidade fiscal dos contribuintes, manifestação por excelência de uma Administração agressiva? Até onde é que as exigências de solidariedade entre os membros de uma mesma sociedade, fazendo de cada um de nós "guarda do seu irmão", pode ir no sentido de impor sacrifícios patrimoniais individuais em benefício daqueles?

Há aqui, em boa verdade, um apelo a um novo paradigma de contrato social, discutindo-se o papel do Estado, da sociedade civil e dos indivíduos, designadamente à luz de uma ponderação entre o princípio de subsidiariedade da intervenção pública e o princípio da responsabilidade última do Estado pela garantia da dignidade humana;

(ii) Segunda reflexão: o sistema político deve continuar a reservar aos partidos políticos o monopólio da apresentação de candidaturas à eleição de deputados para a Assembleia da República e para as assembleias legislativas das regiões autónomas?
Há necessidade de despartidarizar o funcionamento da Administração Pública, procedendo-se a uma descolonização partidária das nomeações, moralizando-a, sem prejuízo de continuar sempre a garantir a legitimidade democrática das suas decisões;

(iii) Terceira reflexão: o sistema de governo deve continuar assente num dualismo tendencialmente conflitual entre um Presidente da República que tem legitimidade política direta, apesar de carecer de poderes efetivos de condução da política (interna e externa), e um Primeiro-Ministro que, transfigurado em motivo principalmente determinante da eleição dos deputados, controla com a sua maioria a decisão legislativa e política da Assembleia da República, tornando ilusória a responsabilidade política parlamentar de governos maioritários?

(iv) Quarta reflexão: será que se justifica a existência de milhares de freguesias, sendo cada uma delas uma pessoa coletiva pública, dotada de órgãos próprios, ou, pelo contrário, deveriam as freguesias ser reduzidas a meros órgãos de uma administração periférica municipal?

(v) Quinta reflexão: independentemente da questão em torno da necessidade de existir um Tribunal Constitucional, justificar-se-á uma jurisdição própria para julgar os litígios administrativos, tendo como estrutura de topo o Supremo Tribunal Administrativo, ou, em sentido contrário, não fará mais sentido a existência de tribunais especializados no contexto de um único Supremo Tribunal de Justiça? Ou será que ainda se vive no preconceito de que os tribunais administrativos não são tribunais iguais aos outros, sendo que o Supremo Tribunal Administrativo não é também um tribunal de *justiça*?

(vi) Sexta reflexão: a autonomia patrimonial – e, em especial, a autonomia financeira – das regiões autónomas, das autarquias locais e de todas as demais entidades públicas menores não significa independência, nem pode deixar de se mover dentro da prevalência do interesse da coletividade definido pelo Estado: será que a capacidade de endividamento das entidades públicas tem de encontrar regras limitativas no próprio texto constitucional, sendo sempre admissível uma intervenção fiscalizadora e resolutiva por parte do Estado?

(vii) Sétima reflexão: deverá a Constituição sujeitar a intervenção decisória do Governo, enquanto órgão superior da Administração Pública, a criação de quaisquer entidades (públicas ou privadas) por parte de entidades públicas menores?

3.2. Tomando agora como referência as limitações ou condicionantes decorrentes do Direito da União Europeia face ao Direito Administrativo português, cumpre deixar as duas seguintes interrogações:

(i) Primeira interrogação: a vinculação aos princípios da concorrência e da proibição de discriminações face a entidades de outros Estados-membros, impedindo políticas protecionistas dos agentes económicos nacionais – tal como o Código dos Contratos Públicos consagra –, visa garantir mais o acesso de concorrentes estrangeiros ao mercado nacional ou, pelo contrário, abrir aos agentes económicos nacionais os mercados europeus?
É que, num forte desequilíbrio entre Estados ricos e Estados pobres dentro da União Europeia, o mercado comum favorece a intervenção dos Estados ricos sobre o mercado interno dos Estados pobres, sem que estes beneficiem, efetivamente, de igual prerrogativa face ao mercado interno dos Estados ricos: a defesa da concorrência pelo Direito da União Europeia torna-se, neste contexto, uma forma camuflada de esconder verdadeiras relações coloniais no espaço europeu;

(ii) Segunda interrogação: a integração no âmbito da União Europeia baseia-se em princípios de solidariedade e igualdade entre os Estados-membros ou, pelo contrário, envolve hoje uma clara distinção entre uma potência dominante ou um eixo de duas potências dominantes e um conjunto de Estados satélites? A União Europeia é uma associação de Estados ou, pelo contrário, uma federação em que um Estado assume natureza federal e os restantes o estatuto de Estados federados?

3.3. A reforma administrativa torna-se, por todas estas questões cuja resposta está em aberto, uma necessidade e, simultaneamente, um pressuposto para um novo Direito Administrativo.

Por saber fica, no entanto, o seguinte: será ainda possível um novo Direito Administrativo dentro desta III República ou, pelo contrário, será que a crise, ditando um acelerar para uma IV República, criará os pressupostos para esse novo Direito Administrativo?

Não posso responder a esta interrogação: pediram-se uma reflexão jurídica, não que fizesse futurologia ou uma intervenção política para responder a esta última questão; cada um dos presentes terá, por certo, a sua própria resposta, tal como eu tenho a minha – não é este, porém, o momento de avançar por esse caminho.

A CRISE DO DIREITO DO CONSUMO*

Carlos Ferreira de Almeida**

Em 2005, escrevi que o direito do consumo poderia não passar de uma estrela cadente, cujo fulgor, intenso mas efémero, se viria a extinguir quando, após quarenta ou cinquenta anos de ascensão, chegasse o tempo da sua queda e integração no grande corpo do direito comum. Advertia também para a hipótese de a proteção dos consumidores deixar de fazer sentido se fossem abaladas as condições de paz, de democracia e de crescimento económico que então envolviam as sociedades onde o direito do consumo assumia proeminência.

Passados apenas três anos da publicação do meu livro, as sociedades onde triunfara a revolução comercial foram abaladas por uma crise, emergente da revolução financeira, que compromete o crescimento económico dessas sociedades. A causa profunda da crise – julgo eu – radica na tentativa de o poder financeiro se sobrepor aos poderes industrial e comercial, que tinham sido protagonistas do desenvolvimento e da democracia, e de competir, de modo desajeitado, mas eficiente no curto prazo, com os poderes dos Estados democráticos.

---

* Texto da comunicação proferida no âmbito do colóquio "A Crise e o Direito". A intervenção pode ser visionada em https://vimeo.com/43255463

** Professor Catedrático Jubilado da Faculdade de Direito da Universidade Nova de Lisboa.

O consumo tem estado no núcleo do furacão. Primeiro, pelos excessos de crédito ao consumo, que devedores e credores não souberam digerir, mas que os gestores financeiros aproveitaram como instrumento de ganho desproporcionado. Depois, pela brusca redução do consumo, impulsionada pelos mesmos grupos políticos e financeiros que o tinham promovido.

Não se sabe como, quando e se esta crise financeira termina ou abranda. Mas não são precisos dotes proféticos para augurar a descida para patamares mais baixos dos níveis de desenvolvimento e de bem-estar que a sociedade de consumo tinha gerado, mau grado as críticas de que foi sendo alvo.

Não se sabe o que vai suceder, nem sequer a curto prazo (ou especialmente a curto prazo). Mas parece certo que o anterior paradigma – que tinha deslocado o propulsor do desenvolvimento da produção para o consumo – terminou em 2008 a sua vigência na Europa e nos países do 1.° mundo.

Ora era precisamente o desenvolvimento o fator que justificava a proteção dos consumidores, que o mesmo é dizer o surgimento do direito do consumo. Como escrevi no meu livro de 2005, tomando posição em tema controverso, o direito do consumo tem como objetivos o ajustamento às condições dos mercados e a melhoria geral do nível de vida e do bem-estar. Para a maioria das medidas legislativas não é possível destrinçar as metas concorrenciais da proteção dos consumidores. Mas qualquer daqueles objetivos (em que todos ganhavam) depende (aliás, dependia) do progressivo aumento do consumo e do consequente aumento do volume das transações de consumo, propiciados pelo incremento da confiança dos consumidores na qualidade dos bens e no acesso ao crédito. Por exemplo, o direito de arrependimento e o nível de informação no crédito ao consumo são fatores que propiciam claramente o aumento do volume de negócios, embora não sejam os únicos e sejam inegáveis as vantagens que deles derivam para os consumidores.

Como a crise afeta estes fatores, o direito do consumo como o conhecemos na Europa está também necessariamente em crise ou, pelo menos, em profunda mutação.

Antes de me atrever a enunciar alguns tópicos sobre uma tal mutação, julgo conveniente traçar as grandes linhas do estádio atual do direito do consumo na Europa, em jeito de balanço destes quase 40 anos que vão desde os documentos precursores do Conselho da Europa e da Comunidade Económica Europeia. A evolução corresponde *grosso modo* à sequência das mais importantes diretivas e da sua transposição. O que vale para a Europa vale para Portugal, que tem seguido a par e passo este trajeto, depois de recuperado o atraso inicial, que durou aliás poucos anos.

Sem considerar os inúmeros diplomas sobre a qualidade e a segurança dos bens, quase todos de aplicação circunscrita, procedo em seguida à avaliação das diretivas com maior generalidade e impacte, por ordem cronológica.

A Diretiva sobre responsabilidade do produtor é porventura a mais criticada e mal-amada de todas as diretivas vigentes no âmbito do consumo. Teve certamente o mérito de ultrapassar o preconceito da culpa como pressuposto da responsabilidade civil extracontratual e porventura o mérito de consciencializar os produtores para os riscos financeiros do lançamento no mercado de produtos defeituosos. Mas revela-se pouco eficaz na sua aplicação, em consequência dos exigentes requisitos de prova e da excessiva amplitude dos fatores de exoneração de responsabilidade e das restrições nos danos ressarcíveis. A jurisprudência do Tribunal de Justiça da União Europeia no sentido de que a Diretiva se destina à harmonização máxima dos direitos nacionais mostra que o seu objetivo primeiro não é afinal a proteção dos consumidores, é a defesa da concorrência.

A Diretiva sobre contratos celebrados à distância e fora do estabelecimento constitui um marco precursor de dois dos mais significativos avanços na proteção dos consumidores: a densidade da informação pré-contratual e o direito de arrependimento.

As Diretivas sobre crédito ao consumo, em especial na reformulação de 2008, transposta para o direito português em 2009, comportam inovações eficientes para o incentivo ao crédito e a proteção do devedor, através designadamente da imposição de transparência da taxa anual efetiva global e de outros elementos de informação pré-contratual, da atribuição do direito de arrependimento e da corresponsabilização do financiador pela falta de conformidade dos bens fornecidos.

A Diretiva sobre contratos de adesão e cláusulas contratuais abusivas inseriu-se nos sistemas jurídicos nacionais de modo harmonioso e eficaz e, nalguns direitos nacionais, influenciou o direito dos contratos para além dos limites do direito do consumo. A débito, devem contabilizar-se porém as exclusões que protegem as instituições financeiras de modo desproporcionado.

Outro êxito evidente advém da Diretiva sobre venda para consumo e garantias, que quase revolucionou a teoria jurídica e as práticas da responsabilidade do vendedor, através da inserção das mensagens publicitárias no conteúdo dos contratos e da presunção de desconformidade dos produtos defeituosos. É também notável a capacidade expansiva dos seus conceitos e soluções para todo o direito contratual.

As mais recentes diretivas marcam o começo da involução no processo de proteção dos consumidores. A Diretiva sobre comércio eletrónico destina-se claramente a incentivar este meio de comercialização, sem se preocupar seriamente com os riscos para os consumidores. A Diretiva sobre práticas desleais das empresas face aos consumidores, também de harmonização máxima, é tímida na proteção e adivinha-se ineficaz nas soluções. Não ultrapassa muito as tradicionais normas de proibição da concorrência desleal estabelecidas em benefício dos concorrentes.

Em síntese, saliento no sentido da efetiva proteção dos consumidores as normas que institucionalizaram o direito à informação, em especial em relação a preços e a taxas de juro, o direito de arrependimento e a responsabilidade objetiva do vendedor pela desconformidade dos bens com os padrões contratuais, incluindo os que resultam da publicidade. No sentido da ineficácia, ou reduzida eficácia, de proteção dos consumidores destaco as normas sobre responsabilidade do produtor, comércio eletrónico e práticas desleais. O regime da nulidade das cláusulas abusivas, avançado para a época (1993), parece hoje pouco ousado.

Retomando a previsível mudança de rumo do direito do consumo, arrisco-me a enunciar alguns prognósticos, todos consequentes da atual desnecessidade de incrementar a confiança dos consumidores, que passou a ser um risco para os orçamentos nacionais e familiares.

Os regimes de escassa proteção – responsabilidade do produtor, comércio eletrónico, práticas desleais – manter-se-ão no essencial. Não acredito que se criem novas medidas de proteção.

As diretivas e outros instrumentos de modificação da regulação europeia vão continuar na linha da uniformização ou da harmonização máxima, isto é, sem admitirem que os direitos nacionais adotem regimes mais protetores. Esta orientação aplicar-se-á provavelmente até em áreas em que antes vigorava a harmonização mínima, como já se viu com as diretivas de crédito ao consumo e das práticas desleais e com a diretiva de 2011, pomposamente intitulada como diretiva relativa aos direitos dos consumidores, que na verdade apenas reformula o regime dos contratos celebrados à distância e fora do estabelecimento.

Em risco de extinção ou de enfraquecimento estão alguns institutos emblemáticos, como o direito de arrependimento, a responsabilidade do financiador pelas vicissitudes dos contratos financiados e a relevância contratual da publicidade. O elevado nível de exigência de deveres de informação pré-contratual poderá vir a estar também sob o alvo de críticas baseadas no custo para os empresários e, em consequência, degradado para o baixo nível contemplado na diretiva sobre comércio eletrónico.

Mas o neoliberalismo dominante não chegará ao ponto de retomar as bases materialmente desigualitárias do liberalismo clássico em que se fundavam a teoria e a prática dos contratos anteriores à segunda metade do século XX.

Acredito que a categoria de consumidor subsistirá como dado justificativo de especialidades relativas, por exemplo, ao predomínio da forma escrita ou à divulgação da taxa anual efetiva global (TAEG).

Em relação a alguns institutos, como a inserção singular de cláusulas contratuais gerais, a proibição de cláusulas abusivas e a conformidade da coisa com o contrato de compra e venda, é natural que permaneça a situação atual, restrita aos contratos de consumo ou alargada à generalidade dos contratos.

Não há naturalmente razão para eliminar os regimes de escassa proteção, em nome dos quais se continuará a erguer a bandeira da diferenciação dos direitos dos consumidores (de modo similar ao que está sucedendo com os direitos dos trabalhadores).

A tendência será para manter apenas algum de proteção em matéria de informação sobre preços e sobre a qualidade de bens essencial. Especial atenção merecerá provavelmente a regulação das práticas de saldos e de outras reduções temporárias de preços, atendendo à tendência para o seu incremento. Talvez aqui se ponha uma questão, até há pouco impensável, relacionada com os limites impostos pela dignidade de consumidores e trabalhadores.

Se assim for – e espero estar enganado – o direito do consumo definhará, tornando-se um tema anémico e frustrante, porque terá perdido os estímulos da inovação, da diferença e do contributo para o bem-estar. Em contrapartida, os comparatistas europeus acompanharão com interesse o progresso enraizado dos direitos dos consumidores no Brasil e talvez o seu surgimento na China e noutras novas sociedades de abundância onde se formam novas classes médias.

E, para a Europa, haverá alternativa ao declínio determinado pelo desinteresse das políticas públicas em sustentar a espiral do consumo e do crédito ao consumo?

Alguns dirão – alguns já dizem – que é a hora de um novo direito do consumo em que os direitos se entrelaçam com os deveres dos consumidores, tendo especialmente em vista a proteção do ambiente e a promoção da poupança. Até agora tenho recusado que estes temas se harmonizem, mas os ventos dominantes podem alterar esta minha perspetiva.

Mais provável me parece que o mesmo espírito pioneiro e progressista que engendrou os direitos dos consumidores se volte agora para a reivindicação de políticas públicas e de adaptação do direito privado em domínios – a pobreza e a marginalização social – que até hoje escaparam a uma regulação jurídica coerente e empenhada. Na verdade, o direito do consumo moderno nunca cuidou da escassez e das carências mínimas do consumo. O direito e as políticas de consumo não tinham a pobreza como preocupação, antes eram impulsionados pelos interesses das classes médias, incluído a classe média-alta. Talvez seja agora o tempo de, em vez de tratarmos de nós, beneficiários da proteção dos consumidores, passarmos a cuidar mais dos outros, os marginalizados.

Um direito dos pobres seria interdisciplinar, como é o direito do consumo, atravessando vários ramos do direito – penal, fiscal, segurança social, processo (em especial, processo executivo e insolvência), mas também o direito civil, em domínios como o arrendamento, o incumprimento das obrigações, as doações, associações e fundações. Tal como o direito do consumo, teria por finalidade a correção das desigualdades e, como incentivo político e pragmático, a paz social que tomaria o papel que, em relação ao consumo, vem sendo desempenhado pela concorrência e pela eficácia dos mercados.

Em paralelo, mas em contraste com o direito do consumo, cuja principal preocupação é a relação qualidade-preço, o direito dos pobres fixar-se-ia nos problemas da escassez individual de dinheiro e do seu suprimento através de medidas compensatórias. Penso em especial na necessidade de corrigir a artificiosa construção segundo a qual o dinheiro é um bem inesgotável, não sendo a falta dele justificação para o incumprimento de obrigações pecuniárias (como agora se está vendo a propósito da impossibilidade efetiva de pagamento das dívidas contraídas para aquisição de casa para habitação).

Admito que esta minha visão cética seja frustrante. Não quero terminar sem uma palavra de alento para quem se tem preocupado com o direito do consumo. Julgo que está a terminar o ciclo da unanimidade em volta do direito do consumo, que unia os partidos políticos e os parceiros sociais. Terá pois regressado o tempo da reivindicação para salvaguarda dos direitos dos consumidores ameaçados de extinção.

CRISE, INCUMPRIMENTO E INSOLVÊNCIA*

VÍTOR PEREIRA DAS NEVES**

1. O tema de que me cabe falar é "Crise, Incumprimento e Insolvência".

Assim enunciado, o mesmo tema parece o de caminho para o *inevitável*, ou de *evolução natural*. À *crise* sucedem-se as situações de *incumprimento* e, ao acumular e à insustentabilidade destas situações, sucedem-se as *insolvências*.

É a verdade que os números demonstram, sem margem para quaisquer dúvidas.

A situação é tal que ninguém pode negar a evidência que estes mesmos números exibem.

Assim, há cerca de 3 meses, no preâmbulo da Resolução do Conselho de Ministros n.° 11/2012, de 3 de Fevereiro, que lànçou o denominado *Programa Revitalizar*, veio o Governo reconhecer que "a deterioração do contexto económico e financeiro, nacional e internacional, e a consequente desalavancagem generalizada da banca, vieram agravar as fragilidades das empresas em Portugal, em par-

* O presente texto corresponde, com ligeiríssimas alterações, ao texto lido na intervenção no Colóquio "A Crise e o Direito". Este facto justifica o estilo muitas vezes coloquial do texto que agora se apresenta. A intervenção pode ser visionada em http://www.youtube.com/watch?v=s0eiyyCjE-0

** Doutor em Direito e Professor Auxiliar da Faculdade de Direito da Universidade Nova de Lisboa. Advogado.

ticular das pequenas e médias empresas, o que resultou no aumento da morosidade no cumprimento das respetivas obrigações contratuais e incumprimentos efetivos".

Daqui à *insolvência*, é, como se sabe, um pequeno passo.

2. Mas se todos estamos certamente de acordo sobre a situação em que nos encontramos, e se todos estamos também tendencialmente de acordo que de pouco serve agora olhar para trás à procura das causas dessa situação, o que eventualmente mais nos divide é a identificação dos possíveis caminhos que nos podem conduzir a uma situação melhor e à mitigação dos problemas que enfrentamos.

Esse é, também, o desafio que se coloca aos juristas, pelo menos daqueles que o procuram ser no verdadeiro sentido do termo.

Não se trata de assentar no pressuposto, ou na presunção, certamente levianos e irresponsáveis, de que cabe aos juristas encontrar a solução para todos os problemas. Longe disso, até porque a origem e a solução de, pelo menos, alguns dos mesmos problemas pouco têm que ver com o Direito, ou com as soluções jurídicas em si mesmas consideradas.

O que se pretende sublinhar, e aquilo em que é essencial assentar, é que não podem os juristas deixar de se *inquietar*, demonstrando disponibilidade para questionar os *dogmas* em que tradicionalmente assentam, em especial quando constatam, como julgo que todos já constatámos, que as soluções que o Direito (ou, pelo menos, o nosso ordenamento jurídico) tradicionalmente dá a muitos problemas que hoje enfrentamos não correspondem àquelas que, enquanto pessoas dotadas de senso comum (mesmo antes de sermos juristas), tomaríamos como as mais acertadas ou, se quisermos, as elementarmente mais justas.

E, quando aqui chegamos, mal vai o Direito (e mal vão os juristas) se, antes de se alhearem das suas deficiências, contemplando apenas a *crise* dos outros, não enfrentarem, com determinação e *espírito aberto*, a sua própria *crise*.

É, assim, com o objetivo de contribuir para provocar essa *revisão* que, tomando como ponto de partida dois acontecimentos recentes (ambos já de 2012), gostaria de vos dar conta da forma como reconheço quanto, de *insustentavelmente* pouco, nós (juristas) temos feito.

Os dois acontecimentos a que acima fiz referência são os seguintes:

a) Em primeiro lugar, o antes referido *Programa Revitalizar*, com que o Governo (em execução da Resolução do Conselho de Ministros n.° 11/2012) pretende enfrentar os problemas que atualmente enfrentam as empresas em dificuldades; e
b) Em segundo lugar, a já *célebre* sentença do Tribunal de Portalegre, através da qual o mesmo Tribunal, confrontado com a manifesta *iniquidade* da solução a que uma decisão *ortodoxa* do problema com que estava confrontado conduziria, se atreveu, ao arrepio da mesma *ortodoxia*, a considerar parcialmente extinta a obrigação de dois mutuários perante o banco que, por três vezes, avaliou uma casa dada em hipoteca pelo mesmo montante e, depois, se apropriou da mesma casa por 70% desse montante, reclamando dos mutuários o pagamento dos remanescentes 30%.

Estes acontecimentos valem pela sua atualidade mas, acima de tudo, por me parecem paradigmáticos de duas formas completamente distintas, e até antagónicas, de *pensar* o Direito num contexto de *crise*.

3. Assim, o *Programa Revitalizar* parte do pressuposto, que o preâmbulo da Resolução do Conselho de Ministros n.° 11/2012 expressamente reconhece, segundo o qual a crise que enfrentamos conduziu à multiplicação das situações de incumprimento das empresas, com consequente insolvência destas mesmas empresas, crescimento do número de desempregados e, assim, consequentes situações de incumprimento por estes desempregados e insolvência dos mesmos.

E, perante este cenário, que resposta se oferece?

O *Programa Revitalizar* assenta em pressupostos claros.

Importa atuar *a montante* e, eventualmente, *a jusante* da situação de incumprimento, procurando criar condições para que esta situação não aconteça ou para que as consequências associadas à mesma possam, se os credores estiverem disponíveis para isso, ser mais brandas. As medidas em que se prevê que venha a traduzir-se a implementação do *Programa Revitalizar* atuam *a montante* (seja através da otimização de soluções de financiamento, ou através da ordem às empresas para que *se organizem* segundo as boas práticas governativas), assim procurando limitar o volume de situações de incumprimento. Ou, então, atuam *a jusante*, procurando obstar a que ao incumprimento se sucedam consequências drásticas, de que é exemplo máximo o novo processo de revitalização (o já denominado "PER"), recentemente introduzido no Código da

Insolvência e da Recuperação de Empresas, assumidamente inspirado no capítulo XI do *Bankruptcy Code* dos Estados Unidos da América.

Mas, sem prejuízo para a importância das medidas em causa, o que fica, verdadeiramente, delas?

Caricaturando, o que fica, no que para aqui releva, que é a relação entre a *crise* e o *incumprimento* das obrigações, resume-se em poucas palavras, por estranhas que elas nos possam parecer:

Organizem-se, que eu até ajudo, mas não me comprometam!

Não me comprometam verdadeiramente com a *crise*, porque afinal do que se trata (como a referida inspiração do PER nas soluções norte-americanas demonstra) é de procurar tratar a situação de *rutura* em que vivemos com soluções que, em outros ordenamentos, valem para situações de absoluta normalidade.

Depois, e mais relevante ainda, não me comprometam com o *incumprimento* ou, o que é o mesmo, com a relação entre o devedor e o credor. *Eu até ajudo mas, no limite, entendam-se!* E entendam-se como?

Como o fariam em qualquer outro contexto, ainda que não em situação de *crise*.

Nenhuma das medidas previstas no *Programa Revitalizar* chega ao ponto de atuar diretamente sobre a mesma relação, deixando credores e devedores entregues a si próprios, esgrimindo argumentos e exibindo a força que cada um tenha, em termos que não são, como disse, substancialmente distintos dos que sempre existiriam, em qualquer outro contexto.

A *crise*, aqui, não entra, como se a relação de crédito fosse um ecossistema a preservar, em cujos equilíbrios espontâneos (como se eles, muitas vezes, existissem) não se pudesse interferir.

4. Este posicionamento, que poderíamos imputar ao legislador, contrasta com o posicionamento da sentença do Tribunal de Portalegre.

Nesta, confrontado com um problema recorrente que é claramente filho da *crise* (o incumprimento os contratos de crédito para a aquisição de habitação com hipoteca sobre a mesma habitação), assumiu o Tribunal que "a perpetuação de um *modus decidendi* na actividade jurisprudencial pode representar a própria negação daquilo que se deve ter por insofismável no Direito: a atribuição do *quid* a cada qual.

Negar novas perspectivas de aplicação dinâmica do Direito constituído simplesmente pela reiteração acrítica do *status quo* instituído pode ter a nefanda consequência de tornar o juiz num autómato decisório, e o conteúdo da sua decisão num factor imutável da equação jurídica, quaisquer que sejam os outros factores.

O respeito e obediência à Lei e à Constituição hão-de sempre exigir do Juiz a consciência da actualidade dos novos desafios com que se defronta a realidade judicial, a consciência da mudança dos tempos e a consciência do papel garantístico da magistratura, como reduto intransponível".

Não pretendo aqui pronunciar-me detidamente sobre o sentido da decisão tomada pelo Tribunal de Portalegre, e muito menos sobre a fundamentação apresentada para a mesma. Limito-me a dizer que não acompanho nem uma, nem outra, pelas razões a que, adiante, voltarei.

Mas, por enquanto, o que interessa verdadeiramente é registar a perspetiva completamente inversa àquela que está subjacente ao *Programa Revitalizar*. Ao enfrentar a questão da relação entre a *crise* e o *incumprimento*, o Tribunal de Portalegre seguiu o caminho do *compromisso*.

Compromisso com a crise, ao reconhecer que as soluções jurídicas não podem deixar de atentar no contexto em que os problemas surgem.

Compromisso com o incumprimento, ao atuar diretamente sobre a relação estabelecida entre o credor e o devedor, reconhecendo que os *equilíbrios espontâneos*, que a decisão segundo critérios ortodoxos privilegiaria, afinal representam desequilíbrios, que ofendem princípios fundamentais do nosso ordenamento jurídico, e que este não pode, naturalmente, tolerar.

5. Ao contrapor estes dois posicionamentos, à primeira vista, poderá surpreender que tenha sido um Tribunal a seguir o caminho mais difícil, procurando critérios de solução novos onde o legislador adotou uma postura eminentemente passiva. Essa surpresa será tanto maior quando sabemos que o problema com que o Tribunal de Portalegre foi confrontado não é um problema isolado, mas um problema que se repete, diariamente, por todo o país, e assim deveria aconselhar uma ponderação generalizadora.

Mas, em rigor, tal observação até pode não ser inteiramente justa e, mais relevante ainda, parar aí não é o que verdadeiramente importa, podendo até ter o efeito de desresponsabilização individual de que pretendo afastar-me.

Também não me interessa limitar a análise aos casos tratados na sentença do Tribunal de Portalegre, porquanto, sem prejuízo para a sua extrema relevância social, o que pretendo referir parte de um enquadramento mais geral, independente da identidade dos devedores e dos credores e da especial natureza da obrigação cujo cumprimento ou incumprimento se discuta.

O que vale a pena registar é, assim, o confronto entre uma atitude meramente *preventiva* ou *paliativa*, como a subjacente ao *Programa Revitalizar*, que atua antes ou depois do *incumprimento*, mas não interfere com ele, e uma postura *curativa*, que limite o devedor e o credor, atuando diretamente sobre a relação estabelecida entre eles e impondo, no seio dela, a correção que as circunstâncias em que vivemos, ou seja as consequências da *crise*, impõem.

Não está em causa a extrema importância das medidas que tenham em vista evitar que as situações de incumprimento e as insolvências se multipliquem, ou que procurem atenuar as consequências de umas e outras. O que está em causa é a necessidade de, no contexto em que nos encontramos, reconhecer que as situações de não cumprimento de obrigações, faça-se o que se fizer, são uma inevitabilidade e que, portanto, não podem deixar de ser encaradas pelo que, em si mesmas, significam e determinam.

E é esta segunda dimensão do problema que passa ao lado do *Programa Revitalizar* e que a decisão do Tribunal de Portalegre, com todas as deficiências de natureza técnica que lhe vêm sendo apontadas, enfrenta, e à qual, em minha opinião, também não podemos escapar.

Há, na verdade, que traçar claramente a fronteira entre o *comprometimento* e a *fuga ao compromisso*.

6. Como? Em que pressupostos? E com que consequências?

Voltando ao que disse no início, e em termos simples: questionando, de forma crítica, os *dogmas* em que habitualmente assentamos, tomando em consideração o contexto, completamente novo, em que nos encontramos.

Limito-me, pela escassez de tempo, a algumas ideias.

É, em primeiro lugar, necessário reponderar a *rapidez* com que se formula um juízo de *incumprimento.*

Todos nós fomos educados num contexto em que a falta de meios financeiros para cumprimento de uma obrigação não era *desculpa* para esse mesmo não cumprimento, motivo pelo qual o devedor em causa respondia, ilimitadamente, pelas consequências desse incumprimento. Não cumprir por não ter acesso a meios financeiros que viabilizassem o cumprimento ou por ter despendido todos os recursos disponíveis em outras coisas era, para o Direito, indiferente.

As obrigações pecuniárias não são afetadas pela *impossibilidade* e, com elas, também não são afetadas todas as demais obrigações (mesmo que não pecuniárias), quando a causa para o seu não cumprimento pontual seja a falta de meios financeiros para realização da prestação devida.

Consequência?

Todos os devedores que não cumprissem por falta de recursos financeiros apareciam rotulados com o selo de faltosos ou incumpridores e era com esse *estigma* que apareciam perante os seus credores, e perante os tribunais.

A falta de meios financeiros aparecia assim como uma causa, à parte, para o não cumprimento. Quando a razão última do incumprimento fosse essa falta, não havia que questionar o porquê de o devedor ter chegado a tal situação, porque a posição do ordenamento jurídico era de indiferença em relação a essa mesma causa. Qualquer que esta fosse, o devedor incumpriu a obrigação e tanto basta para que responda pelas consequências do seu incumprimento.

Pode ser declarado insolvente, se as demais circunstâncias o justificarem, e, se procurar negociar com os credores uma eventual solução para o seu incumprimento, vai fazêlo na posição natural de inferioridade de quem, para todos os efeitos, incumpriu e, por isso, aparece *estigmatizado* pelo desvalor associado a tal comportamento e pelo peso dos remédios que o credor tem à sua disposição para reagir.

Ora, em muitos casos, hoje, esse *estigma* é absolutamente injusto e, portanto, não adequado.

Os pressupostos tradicionais de que dinheiro existia sempre e que, quanto muito, por razões relacionadas com o devedor, poderia este não ter acesso a ele, pelo que deveria responder pelas consequências dessa sua situação particular, não têm a mínima correspondência com a realidade. A falta de recursos financeiros determinada pela alteração do comportamento dos bancos e as consequências que essa alteração teve nas empresas, afetando estas e as pessoas que nelas trabalham (ou trabalhavam), impõem que hoje partamos de pressupostos substancialmente diferentes dos tradicionais: em muitos casos, a falta de recursos não se deve a um problema particular de um ou outro devedor, mas a uma situação relativamente generalizada, que tende a afetar muitos, independentemente das suas situações individuais e, mais relevante ainda, independentemente dos esforços que desenvolvam para ultrapassar a situação em que se encontrem e, desta forma, cumprirem as suas obrigações.

Perante esta alteração, devem as soluções que encontramos no nosso ordenamento jurídico permanecer inalteradas?

Eu diria, obviamente, que não.

Mas se não devem permanecer inalteradas, em que direção deve ir essa alteração?

7. É óbvio que nenhum de nós pode defender uma qualquer solução de desresponsabilização generalizada dos devedores ou uma qualquer solução que leve a uma desproteção acrítica dos credores.

O sentido a seguir deve ser outro: nas palavras usadas pelo Tribunal de Portalegre, esse sentido há de ser o de atribuição do *quid* a cada qual, ou seja, o de proceder a uma justa repartição de riscos e, eventualmente, de prejuízos derivados da concretização efetiva desses mesmos riscos.

Óbvio se torna assim que o caminho dificilmente pode ser o de generalização de soluções materiais, uma vez que essa repartição há de ser diferente de caso para caso, em função das características específicas das obrigações, das circunstâncias em que foram contraídas, do contexto que rodeou a sua execução e das causas próximas do seu eventual não cumprimento.

A ponderação de todos estes fatores deverá permitir que, em cada caso, se tome posição sobre duas questões:

a) A primeira, relacionada com a formulação de um juízo adequado sobre se o não cumprimento pelo devedor, ainda que consequência da simples falta de meios financeiros, é merecedor de um juízo de desvalor que funde uma efetiva conclusão de incumprimento ou falta ao cumprimento, com as consequências penalizadoras que naturalmente lhe estão associadas; e

b) A segunda, nos casos em que tal juízo de desvalor não se justifique, impondo uma decisão sobre o ajustamento da conformação da obrigação em si mesma, ainda não em situação de incumprimento em sentido próprio, de acordo com a solução que se mostre objetivamente adequada de acordo com os critérios para que remete, por exemplo, o instituto da *alteração das circunstâncias* no artigo 437.° do Código Civil.

Do que se trata, portanto, é de fugir das soluções simples, fazendo justiça ao devedor, recorrendo àqueles que são os princípios gerais do nosso ordenamento jurídico para não nos precipitarmos num juízo de incumprimento e para encontrar soluções reconformadoras do vínculo obrigacional que (atendendo aos interesses do devedor e do credor, mas também eventualmente de terceiros) reponham o equilíbrio que a boa-fé, objetivamente apreciada, impõe.

E em que é que este posicionamento se distingue do PER, tal como introduzido no Código da Insolvência e da Recuperação de Empresas? Em tudo. Em primeiro lugar, ao não colocar o devedor sob o *estigma* do incumprimento quando, na verdade, o inerente juízo de valor não se justifica. Em segundo lugar, ao retirar à discricionariedade do credor (ou das maiorias de credores) a decisão sobre o destino da obrigação, impondo o controlo de tal destino por critérios objetivos, nos termos acima referidos.

Claro que, para o fazer, é preciso disponibilidade para agir diretamente na relação entre o devedor e o credor e, como vimos, o *Plano de Revitalização* procurou escapar a tal *zona de desconforto*.

O que pretendi referir é que esse posicionamento não pode ser levado ao limite, porquanto em muitas situações, que o *Plano de Revitalização* não evitará, o ordenamento jurídico não pode conviver com os desequilíbrios que, por esta via, se permitem.

8. Há uns dias tive a oportunidade de ler a transcrição de uma parte das palavras proferidas pelo Cardeal Italiano Gianfranco Ravasi, em Fátima, no passado dia 13 de maio. Não conheço o texto integral e, por isso, posso não ser inteiramente fiel ao seu sentido. Mas aquelas palavras pareceram-me verdadeiramente incisivas, também naquilo que a nós, juristas, no domínio específico de que falei, diz respeito.

Existia, em primeiro lugar, um incitamento a que se *sujassem as mãos* e, depois, um reparo: *de nada servem as mãos limpas se as mantemos no bolso*.

Podemos antecipar que, ao proferir estas palavras, o seu autor não pensou dirigir-se especificamente aos juristas. Mas, ainda assim, mesmo apartando estas palavras do contexto e do substrato naturalmente religioso que as justificou, a verdade é a de que o *barrete* também nos cabe direitinho, até bem *abaixo das orelhas*.

OS SEGUROS E O INCUMPRIMENTO DOS CONTRATOS*

MARGARIDA LIMA REGO**

Boa tarde a todos e muito obrigada. O tema deste painel é "O Direito, a Crise e a Economia". Eu venho falar um pouco da mesma situação descrita há pouco pelo meu colega Vítor Neves, embora na perspetiva do credor. Claro que, numa situação de crise como a que hoje enfrentamos, o credor de hoje é, muitas vezes, o devedor faltoso de amanhã. É esse um problema que a generalidade dos agentes económicos encara, atualmente, na nossa economia.

Ao contrário do que o título desta comunicação possa dar a entender, não falarei, nesta ocasião, sobre o incumprimento dos contratos de seguro. Interessa-me antes o incumprimento dos contratos celebrados pela generalidade dos agentes económicos – muito amplamente, contratos de fornecimento de bens e de prestação de serviços. A minha reflexão incide sobre a questão de saber se, e em que medida, os seguros podem ou não contribuir para resolver este problema, num contexto, como o atual, em que é cada vez mais frequente o incumprimento de con-

---

* A intervenção pode ser visionada em http://www.youtube.com/watch?v=atNP2RQ7Ir0

** Professora Auxiliar da Faculdade de Direito da Universidade Nova de Lisboa. Advogada.

tratos, por parte dos clientes dos mais variados agentes económicos, ou ainda, talvez de forma quase generalizada, a verificação de situações de mora cada vez mais prolongada, sobretudo quanto ao cumprimento das obrigações pecuniárias. Falo nas obrigações pecuniárias porque normalmente é o que está em causa: a falta ou o atraso no pagamento de uma quantia em dinheiro – o preço de bens ou serviços.

No atual contexto de crise, os agentes económicos têm cada vez mais a preocupação, quando fornecem os seus bens ou prestam os seus serviços, de se certificarem de que os seus clientes lhes pagarão a contrapartida acordada, se não na altura devida, pelo menos com um atraso que não os leve, a eles próprios, a uma situação de insolvência. De contrário, ver-se-ão muito provavelmente a braços com um grave problema de contágio: quando a generalidade dos clientes, ou uma grande parte dos clientes de um dado agente económico, é empurrada para uma situação de insolvência, este, ou faz qualquer coisa para obviar ao contágio, ou também ele será conduzido a uma situação de insolvência.

Neste contexto, fala-se muito na figura dos seguros de crédito, que são contratos de seguro que, entre outros riscos, podem cobrir – vou citar a lei – os riscos de "falta ou atraso no pagamento de obrigações pecuniárias"[1]. Entre outros, constituem factos geradores de sinistro "o incum-

---

[1] Art. 161.°/1/a) da Lei do Contrato de Seguro (aprovada pelo DL n.° 72/2008, de 16 de abril).

primento, ou mora, que prevaleça pelo prazo constitutivo de sinistro indicado na apólice"[2].

Em tese, se um determinado agente económico celebra um seguro de crédito, passaria a estar protegido contra o risco de insolvência dos seus clientes, assim se protegendo contra a eventualidade de um fenómeno de contágio que também o conduza a esse caminho. A partir desse momento, se alguns dos seus clientes não cumprissem, aquele agente económico estaria protegido, pois a seguradora assumiria o problema e pagar-lhe-ia o preço em dívida.

O que me levou a escolher este tema hoje foi a convicção de que talvez esta figura não seja a mais adequada, sobretudo numa situação de crise como a que hoje enfrentamos, em que uma grande percentagem dos clientes dos mais variados agentes económicos entra em mora ou em incumprimento definitivo das suas obrigações contratuais.

Porque digo isto? Para percebê-lo, importa ter em conta o modo de funcionamento dos seguros de crédito. Antes de mais, estes seguros nunca cobrem o risco todo, limitam a sua cobertura a uma percentagem do risco. Porquê? Para minimizar aquilo a que se chama o risco moral: assim, a seguradora certifica-se de que o seu cliente, que é o credor, tem um incentivo económico para atuar de um modo diligente nas fases de seleção dos seus clientes, de execução dos contratos e de cobrança de dívidas. Há uma partilha do risco entre a seguradora e os agentes económicos. É o princípio do descoberto obrigatório, na sua origem um

---

[2] Art. 4.°/1/e) do DL n.° 183/88, de 24 de maio, alterado e republicado pelo DL n.° 31/2007, de 14 de fevereiro.

princípio da ciência económica, embora atualmente tenha consagração legal em Portugal[3].

Há depois um outro princípio, essencial a esta modalidade de contrato de seguro, que é o princípio da colaboração. Nenhuma seguradora, entidade estranha às relações entre os agentes e os seus clientes, aceita cobrir um risco destes sem tomar certas medidas para se assegurar, muito simplesmente, de que ela própria não ficará em apuros. Do princípio da colaboração decorrem diversas regras – já não regras legais, mas regras que normalmente se estipulam nos contratos de seguro de crédito.

Em primeiro lugar, a seguradora certifica-se de que os tomadores do seguro, os agentes económicos, se vinculam a apertados deveres de informação, alguns dos quais já resultariam do regime legal em vigor. Com efeito, quer na fase pré-contratual, quer durante toda a vigência do contrato de seguro, os tomadores do seguro devem informar a seguradora de toda uma série de situações. Em geral, de todas as ocorrências que possam conduzir a um agravamento do risco seguro.

Em segundo lugar, a seguradora certifica-se de que estes tomadores do seguro, os agentes económicos, se vinculam a apertados deveres de conduta. Durante toda a vida do contrato, os agentes económicos deverão envidar todos os esforços judiciais e extrajudiciais para conservar e satisfazer os créditos seguros. Qual é o problema? Cláusula típica destes contratos de seguro: "O segurado deve comunicar

[3] Art. 5.°/1 do DL n.° 183/88, de 24 de maio, alterado e republicado pelo DL n.° 31/2007, de 14 de fevereiro.

à seguradora todas as circunstâncias que cheguem ao seu conhecimento e que possam significar um agravamento dos riscos garantidos". Em especial, o tomador tem o dever de comunicar à seguradora toda a situação de mora, e ainda todo o acordo de prorrogação do prazo de cumprimento inicialmente fixado, logo que qualquer destes tenha lugar. Em certos casos, quanto a estes últimos, em lugar de um dever de informar, existe um ónus de pedir autorização à seguradora.

Normalmente um atraso de um dia é suficiente para dar origem a um dever de informar. O tomador deve alertar a seguradora para a verificação de todo e qualquer atraso. Ora, neste momento, isso implicaria, em muitos casos, uma correspondência diária entre o tomador do seguro e a seguradora, com indicação de todos os atrasos, que são inúmeros e quotidianos, dos seus clientes.

Temos depois a figura da "ameaça de sinistro". Os contratos de seguro de crédito, tipicamente, consagram-na: quando estão reunidas determinadas circunstâncias, o tomador deve comunicar à seguradora que existe uma situação de ameaça de sinistro. A partir desse momento, temos outra cláusula típica: "Uma vez admitido um aviso de ameaça de sinistro, a seguradora assumirá a direção das ações destinadas à recuperação do crédito em representação do segurado, ainda que uma parte do crédito possa não estar coberta pelo seguro" (que é normalmente o caso, em virtude do dito princípio do descoberto obrigatório).

O que é que acontece? As seguradoras, obviamente, certificam-se de que, quando as coisas começam a correr mal, elas podem assumir o controlo da relação de cobrança de dívida. Qual é aqui o problema? O problema é que há uma dissonância entre os objetivos de curto prazo da seguradora, que apenas pretende cobrar o crédito e tomar todas as medidas necessárias para garantir que aquele crédito vai mesmo ser pago, e os objetivos de médio e longo prazo dos agentes económicos, que querem, de facto, cobrar aquele crédito, mas sobretudo querem não empurrar para uma situação de insolvência todos, ou quase todos, os seus clientes. Com efeito, se o fazem, ainda que cobrem aquele crédito, passados quinze dias estarão eles próprios em situação de insolvência, porque "secaram o mercado". Ao contrário da seguradora, o maior interesse do segurado é, naturalmente, o de assegurar a viabilidade, a longo prazo, da sua atividade económica. Este é que é o problema.

Quando começam a ocorrer factos suscetíveis de constituir, na esfera daquele tomador, antes de mais um dever de informar e, a certa altura, o dever de agir de certo modo na relação com os clientes em falta, e o dever de entregar o controlo da situação à seguradora, muito frequentemente, os agentes económicos hesitam em cumprir tais deveres, pois sabem que, nos dias que correm, há muitas empresas que se vão equilibrando mais ou menos na corda bamba, por certo que com uma mora aqui e outra acolá, mas que ainda vão conseguindo resistir à crise. Num contexto de crise como o que hoje vivemos, é vulgar os agentes económicos terem uma boa parte dos seus clientes perto da insolvência.

O maior receio dos agentes económicos é o de que, no dia em que entregam um processo destes a uma seguradora, esta olhe para cada os créditos seguros de uma forma isolada, descontextualizada, que poderá levá-la a optar, por exemplo, por desencadear um processo de insolvência de um ou mais clientes do segurado, se entender que é essa a melhor forma de assegurar a boa cobrança daqueles créditos, sem pensar no que irá acontecer àquele devedor. Se a seguradora não sofre as consequências da insolvência de um cliente do tomador do seguro, o mesmo não poderá afirmar-se quanto ao próprio tomador do seguro, para quem essa situação tem muito relevo. Interessa-lhe assegurar a saúde, a boa saúde da sua relação comercial com os seus clientes e assegurar, até certo ponto, a saúde económica dos próprios clientes. Senão, como dizia há pouco, acaba por "secar o mercado" e ir na sua peugada, entrando, ele próprio, a muito breve trecho, numa situação de insolvência. Assim sendo, o agente económico lida com os créditos sobre os seus clientes numa perspetiva mais aberta, que poderá levá-lo a perdoar um atraso aqui e outro acolá, em prol da manutenção de uma boa relação comercial com os clientes.

Quando chegam a este ponto, os agentes económicos apercebem-se de que não é do seu melhor interesse cumprir os deveres de informação perante a seguradora, pelo menos numa fase inicial em que ainda estão a tentar que a relação comercial funcione. Assim, e para prevenir a ocorrência disto mesmo, os agentes económicos acabam, muitas vezes, por ocultar à seguradora uma série de factos. Nos casos em que, uns meses depois, verificam que a relação não funciona mesmo, só então decidem participar à seguradora a ocorrência de um sinistro. Todavia, nesse momento, com toda a probabilidade será tarde demais: a seguradora responder-lhes-á que teria coberto aquele risco, sim, se estivesse devidamente informada e lhe tivesse sido dada uma oportunidade de avançar em tempo, assumindo a direção das ações de recuperação de crédito. Ao violarem os mais variados deveres contratuais, os agentes económicos como que renunciaram à sua cobertura e, portanto, fica precludida a possibilidade de virem a beneficiar do seguro.

Em suma, estes agentes económicos, que optaram por contratar um seguro de crédito para fazerem face ao risco de insolvência dos seus clientes, em detrimento de outros mecanismos de gestão deste risco, verificam, tarde demais, que este não é o meio mais eficaz de gerir o risco de incumprimento dos seus clientes, sobretudo se estão em causa relações com clientes de média/longa duração, o que é muitas vezes o caso.

É tudo. É um problema que me preocupa e que julgo que deve preocupar-nos a todos, porque esta figura do seguro de crédito está a ter alguma difusão, mas, na verdade, acaba por não funcionar muito bem em determinados contextos. Nalguns casos será, porventura, a melhor opção. Noutros, como os que procurei hoje caracterizar, está ainda longe de o ser. Conclusão: na fase da seleção das garantias, os agentes económicos devem ponderar muito seriamente a adequação do seguro de crédito às especificidades do mercado em que cada um deles atua, por forma a verificar se será este o mecanismo mais ajustado para fazer face ao risco de incumprimento dos contratos.

Muito obrigada.

FIM DO DIREITO DO TRABALHO?*

José João Abrantes**

O próprio enunciado do tema que vamos abordar é uma pergunta: hoje, o Direito do Trabalho ainda faz sentido? Como se irá ver, a nossa resposta é afirmativa. Ele faz sentido – hoje, talvez, mais do que nunca.

1. Resultado de determinada evolução histórica, o direito do trabalho possui princípios especiais, afastando-se de certos dogmas contratualistas, de modo a proteger a parte contratual mais débil, e tendo como técnica específica a desigualdade jurídica em favor desse contraente.

Regulador de uma relação em que os direitos de uma das partes podem ser feitos perigar pelo maior poder económico e social da outra, o direito do trabalho formou-se historicamente como um direito de proteção dos trabalhadores assalariados. Foi o próprio desenvolvimento do capitalismo que, conduzindo à concentração daqueles trabalhadores e ao crescimento da sua força numérica, gerou as

---

* Sinopse dos principais pontos da intervenção do autor no Colóquio "A crise e o Direito". A intervenção pode ser visionada em http://www.youtube.com/watch?v=XmCQdfvbWS4

** Professor Associado com Agregação da Faculdade de Direito da Universidade Nova de Lisboa.

condições que lhes permitiram reclamar direitos que anteriormente não lhes eram reconhecidos e conduziu ao intervencionismo estadual e à autonomização de um novo ramo do direito, já que o direito comum dos contratos se mostrava completamente indiferente à "questão social".

Segundo as conceções jurídicas liberais, o patrão e o operário são pessoas livres e juridicamente iguais, podem negociar, voluntária e autonomamente, em perfeita igualdade, as condições da prestação de trabalho. Mas o que acontece, de facto, é que o segundo, não possuindo meios de produção, não pode assegurar a sua subsistência e do seu agregado familiar, a não ser que venda ao primeiro a única mercadoria de que pode dispor e de que este, por sua vez, precisa, que é a sua força de trabalho. O que significa que o trabalhador, não só está obrigado a negociar, como o terá de fazer nas condições impostas pelo mercado, o qual aparece determinado por uma elevadíssima taxa de desemprego, que torna impossível a obtenção de melhores salários e melhores condições de trabalho.

A desigualdade de facto entre patrões e operários faz o contrato "perder o aspeto contratual"[1] e vai levar à sujeição dos segundos à "ditadura contratual" dos primeiros[2].

O trabalhador exerce a sua "liberdade" de trabalho, submetendo-se às condições do patrão, sem hipóteses de as contrariar, até porque, em nome da igualdade, a ordem jurídica liberal proíbe as coligações, as associações e a greve – do que resulta a colocação frente a frente, isoladas,

---

[1] Ruy Ennes Ulrich, *Legislação operária portuguesa*, 1906, p. 444.

[2] Cf. Vital Moreira, *A ordem jurídica do capitalismo*, 1973, p. 77.

da oferta e da procura de trabalho segundo o funcionamento livre das leis do mercado, conduzindo diretamente a um contrato em que o trabalhador mais não faz do que aceitar condições pré-fixadas pelo outro contraente, economicamente mais forte.

A ordem jurídica desconhece categorias económicas e pessoas concretas, ignora as desigualdades de facto, pára à porta da fábrica, no interior da qual é o sagrado direito de propriedade que faz lei e que confere ao empresário o poder regulamentar do processo de trabalho.

Porque se afirma o princípio da igualdade perante a lei, não há leis específicas para o trabalho assalariado, o qual se rege única e exclusivamente pelo direito civil, onde os dogmas da autonomia da vontade e da liberdade contratual têm carácter absoluto, encarando-se a prestação de trabalho como o aluguer de uma mercadoria (a força de trabalho) como as outras.

Tal regime jurídico dá cobertura à servidão económica dos trabalhadores, com salários baixíssimos, a extensão da jornada de trabalho por 16 e mais horas, por vezes sem interrupção, tanto para homens, como para mulheres e crianças, deficientíssimas condições de higiene e salubridade dos locais de trabalho, vida degradada, morte prematura, etc.

Mas é, por seu turno, o próprio desenvolvimento do capitalismo, com a necessidade de concentrar grandes massas de trabalhadores, que viria a engendrar os fatores determinantes da formação do direito do trabalho, surgido como reação à incapacidade revelada pelo direito civil de fazer face à "questão operária". Sob a pressão das suas lutas, a ordem jurídica vai ser obrigada a emitir leis para a proteção dos trabalhadores e a reconhecer os sindicatos e o respetivo direito de celebrarem com as entidades patronais contratos aplicáveis aos trabalhadores por eles representados, bem como, posteriormente, as suas formas de luta. Quebra-se a pretensa neutralidade do Estado e abre-se todo um caminho de produção legislativa que vai levar ao direito laboral moderno, num processo que, iniciado timidamente em meados do séc. XIX, terá uma história sofrida, feita de sangue, suor e lágrimas.

Aspeto fulcral de toda a evolução posterior do direito do trabalho e que o conformará como ramo autónomo do direito é a desvalorização da autonomia privada individual e a valorização da autonomia coletiva, bem como a intervenção do Estado através de legislação social, esta procurando, no essencial, assegurar a igualdade substancial dos contraentes e a tutela do trabalhador, aquela operando a transferência das negociações "do plano individual para o dos grupos", o que representa, no fundo, "um regresso (...) ao contrato", corrigindo-se, assim, de algum modo, a situação em que era o empregador a impor sozinho as suas condições[3].

2. Os últimos anos têm assistido, em Portugal e em muitos outros países, a grandes mudanças na política legislativa do trabalho, naquilo que tem sido designado por "flexibilização" da legislação laboral. Nas últimas décadas, a ideia de *emprego* e a de *emprego com direitos* têm, de certa forma, aparecido contrapostas. Ao direito do trabalho, cuja preo-

---

[3] Cfr. Gérard Lyon-Caen, "Défense et illustration du contrat de travail", *Archives de Philosophie du Droit*, 1968, pp. 62 segs.

cupação maior deveria ser, já não a *segurança do emprego*, mas sim o próprio *emprego*, competiria, fundamentalmente, garantir a flexibilização e a diminuição dos custos laborais, se necessário mesmo à custa da própria estabilidade da relação e dos direitos dos trabalhadores. As correntes neoliberais são hoje, de facto, uma tentação das políticas de emprego e têm influenciado a própria União Europeia e outras instituições, como a OCDE e o Banco Mundial, atingindo mesmo a sua expressão mais acabada na célebre proposta do círculo de Kronberg "*mais mercado no direito do trabalho*", exprimindo, no fundo, a ideia de converter este ramo do direito numa mera formalização das leis do mercado.

Invocando a *desnecessidade de proteção do trabalhador* e a *rigidez das leis laborais*, preconizam o enfraquecimento dos direitos individuais e coletivos dos trabalhadores.

Ora, não só não é correto responsabilizar as leis do trabalho pelo deficiente funcionamento do aparelho produtivo como não é verdade que a essência e a função social deste ramo do direito tenham perdido a razão de ser.

Se não se pode deixar de concordar com o que represente uma mera retificação de dispositivos desnecessariamente rígidos ou uma mera adaptação de algumas normas legais a novos condicionalismos, que são em si perfeitamente compatíveis com a filosofia tradicional deste ramo do direito, já merecerá censura, segundo cremos, tudo o que conduza a uma subversão dos princípios e valores fundamentais da sua regulamentação jurídica tradicional, nomeadamente, tendo em conta aquela que, hoje, face à Constituição, deve ser a sua função social – uma função social, tal como é recortada por uma Lei Fundamental que tem como princípio basilar a dignidade da pessoa humana (art. 2.°) e para a qual das "tarefas fundamentais do Estado" fazem parte a promoção do bem-estar e qualidade de vida do povo e da igualdade real entre os portugueses, "bem como a efetivação dos direitos económicos, sociais, culturais e ambientais, mediante a transformação e modernização das estruturas económicas e sociais" [art. 9.° – alínea *d*)].

A Constituição parte de um conceito *humanista* da relação de trabalho, que assenta na necessidade de achar soluções que possam garantir tanto a liberdade de empresa como os direitos dos trabalhadores. O que lhe está subjacente é uma exigência de reconciliação entre o económico e o social, entre a eficácia produtiva e o reconhecimento das aspirações e dos direitos dos trabalhadores, até porque não pode haver aquela sem este, no fundo, para empregar a síntese feliz de um antigo PM francês, não pode haver "liberdade *de* empresa sem liberdade *na* empresa".

3. Na sequência do pedido de assistência financeira feito, há cerca de um ano, à Troika CE/FMI/BCE, do Memorandum de Entendimento assinado com a mesma em 17 de maio de 2011 e do Compromisso para o Crescimento, Competitividade e Emprego, celebrado pelo Governo, a UGT e as associações patronais com assento na Comissão Permanente de Concertação Social em 18 de janeiro deste ano, foi remetida à Assembleia da República a Proposta de Lei n.° 46/XII, contendo alterações substanciais ao Código do Trabalho, que viria a ser aprovada na generalidade há poucos dias, mais concretamente, no dia 30 de março último.

Deixando de parte a exposição de motivos[4], concentremo-nos no essencial dessas alterações, o que, facilmente, nos fará descortinar que o sentido do diploma obedece à lógica, que temos vindo a criticar, de que é preciso diminuir os custos laborais e os direitos de quem trabalha.

Isso é visível em qualquer das 4 áreas fundamentais abrangidas pela proposta – organização do tempo de trabalho, fiscalização das condições de trabalho, cessação do contrato de trabalho por motivos objetivos e regime aplicável aos instrumentos de regulamentação coletiva de trabalho.

É assim que, por exemplo, o banco de horas – que, atualmente, só pode ser instituído por contratação coletiva – passa a poder ser negociado diretamente com o trabalhador ("banco de horas individual")[5] e em certas condi-

---

[4] A qual, só por si, também justificaria a nossa atenção. Para além de outros aspetos, faz-se aí, por exemplo, referência à flexisegurança, quando a proposta nada tem a ver com este conceito, o qual pressupõe que, em contrapartida da mobilidade no mercado laboral, haja políticas ativas de emprego e formação profissional e uma elevada proteção no desemprego, para responder às necessidades dos que mudam de emprego ou abandonam temporariamente o mercado de trabalho. O adequado funcionamento desse modelo assenta num conjunto de pressupostos, como uma forte carga fiscal, geralmente bem aceite e culturalmente cumprida pela população, um montante elevado do PIB para as políticas do mercado laboral, subsídios de desemprego bastante generosos, elevada taxa de sindicalização, reformas do mercado de trabalho assentes num diálogo social efetivo entre os parceiros sociais, etc., não transponíveis para o nosso país (com grandes diferenças estruturais, económicas e culturais, por exemplo, relativamente ao que se passa na Dinamarca).

[5] Novo art. 208.º-A.

ções, se uma maioria dos trabalhadores de uma equipa, secção ou unidade económica o aceitar, poderá mesmo vir a ser imposto aos outros trabalhadores contra a sua vontade ("banco de horas grupal")[6].

Os acréscimos remuneratórios do trabalho suplementar são reduzidos para metade dos valores atuais[7] e é eliminado o descanso compensatório para o trabalho suplementar prestado em dia útil, de descanso semanal complementar ou feriado[8].

São eliminados 4 feriados (dois civis e dois religiosos)[9], bem como a majoração de 1 a 3 dias de férias em caso de inexistência de faltas injustificadas ou de um número reduzido de faltas justificadas[10]. Por outro lado, as empresas poderão encerrar para férias nas "pontes"[11] e retoma-se a velha norma da LFFF de 1976, que determina que a falta injustificada a um período normal de trabalho diário imediatamente anterior ou posterior a dia de descanso ou a

---

[6] Novo art. 208.°-B. A solução é, em nosso entender, de duvidosa constitucionalidade, face, pelo menos, ao disposto no art. 59.°, n.° 1, alínea *b*) da CRP.

[7] Novos arts. 268.° e 269.°

[8] Novo art. 229.°

[9] Novo art. 234.°, n.° 1. Alega-se que o nosso país tem mais feriados do que a generalidade dos países europeus, o que está por demonstrar. Basta lembrar a Quinta-feira da Ascensão, a segunda-feira de Páscoa, o segundo dia de Natal (o "Boxing Day") e outros casos de feriados nalguns desses países, que o não são em Portugal.

[10] O que não deixa de ser curioso, quando, em 2003, essa majoração foi apontada como sendo uma das grandes medidas para a salvação da produtividade e da competitividade.

[11] Novo art. 242.°, n.° 2.

feriado implica a perda de retribuição (também) relativamente a esse dia de descanso ou feriado[12].

No que respeita à fiscalização das condições de trabalho e comunicações à ACT, possibilita-se, em nome da desburocratização e dispensa de formalidades, a supressão de toda uma série de obrigações patronais que tinham por objetivo o controlo do cumprimento da lei e dos deveres patronais em matéria laboral[13].

No despedimento por extinção do posto de trabalho, as empresas passam a ter maior liberdade para escolher quem vão despedir, pois caem os atuais critérios de seleção do posto a eliminar, *v.g.*, de antiguidade, bastando agora que a empresa aplique "critérios relevantes e não discriminatórios" para o efeito[14]. Por sua vez, no que concerne ao despedimento por inadaptação, este passa a poder ocorrer mesmo sem alterações no posto de trabalho, criando-se, no fundo, um novo tipo de despedimento[15]. Quer naquela modalidade de despedimento quer nesta última, deixa igualmente de ser obrigatório para o empregador tentar colocar o trabalhador em causa noutro posto de trabalho compatível com a respetiva categoria.

Muitos outros aspetos poderiam ser trazidos à colação, como, por exemplo, a redução acentuada das compensações por despedimento, questões que levantam até dúvidas de constitucionalidade em matéria de contratação coletiva, etc.

---

[12] Novo art. 256.°, n.° 3.

[13] V., por ex., em matéria de horário de trabalho, novos arts. 213.°, 216.° e 218.°

[14] Novo art. 368.°, n.° 2.

[15] Novo art. 375.°, n.° 2.

Mas os exemplos apontados já chegam para demonstrar que se continua a apostar num modelo de flexibilidade identificada com a compressão de custos sociais e, consequentemente, reduzida à precarização dos vínculos laborais, à adaptabilidade dos horários de trabalho e à mobilidade.

Mais, aproveita-se a crise como oportunidade para retirar direitos sociais e proceder a um "ajuste de contas" com as conquistas dos trabalhadores ao longo das últimas décadas.

4. Ora, é mais do que evidente que essa não deverá ser a aposta. O remédio mais eficaz para o desemprego é antes o crescimento económico, que pressupõe uma melhor educação e formação profissional, melhor gestão das empresas, bem como políticas ativas de emprego, de reconversão profissional e de proteção social. Não há, não pode haver, produtividade nem competitividade das empresas sem uma adequada organização e gestão das mesmas, sem progresso tecnológico, formação e valorização profissional, não podendo, obviamente, menosprezar-se a importância do fator humano, *v.g.* da motivação dos trabalhadores e do respeito pelos seus direitos, enquanto elemento essencial para o bem-estar e o dinamismo das empresas. Esses, sim, são os fatores verdadeiramente decisivos para a produtividade.

A crise financeira que hoje assola a Europa é uma crise, também social, que claramente coloca a necessidade de o Velho Continente conceber políticas concretas que previnam o empobrecimento e corrijam as desigualdades sociais.

O grande desafio colocado ao direito do trabalho é a sua modernização e esta implica desde logo o repúdio das opções de política legislativa de cariz neoliberal, que, tendo como matriz uma visão assente na desregulamentação das relações de trabalho e na subversão do sistema tradicional dessas relações, se caracterizam, de uma forma geral, pelo sacrifício, se necessário, de valores antes intangíveis, enquanto garantes de condições mínimas de trabalho. Fiel ao dogma do mercado, o neoliberalismo defende o enfraquecimento do Estado na sua dimensão e nos seus fins, conduzindo tais ideias, no plano laboral, ao abandono do protecionismo e ao regresso à plena autonomia da vontade e liberdade contratual. Uma tal conceção da pessoa humana, da sociedade e do Estado ignora, ao cabo e ao resto, que as liberdades coletivas dos assalariados e o estatuto de proteção do trabalhador são parte integrante da democracia moderna e que, no mercado, a anarquia e a ausência de regras beneficiam sempre os elos mais fortes da cadeia, maximizando as injustiças e o fosso entre os mais fortes e os menos favorecidos.

A verdade é que estamos face a um ramo do direito que ainda hoje se mantém fiel aos pressupostos, que estiveram na sua génese, de promoção da igualdade material e de proteção do contraente débil, que há muito mais de um século tão bem traduzidos foram no aforismo de que "*entre o fraco e o forte é a lei que liberta e a liberdade que oprime*".

A lógica que preside à visão neoliberal assenta no primado do económico sobre o social, com as exigências de funcionamento do sistema produtivo a (tentar) fazer esquecer as exigências do respeito pelos direitos da pessoa humana, e concretamente do trabalhador.

O caminho para a transformação modernizadora da legislação laboral é, pois, outro. Passa por ligar o progresso social ao crescimento económico, por compatibilizar os direitos de quem trabalha com a capacidade de adaptação das empresas às exigências derivadas de uma cada vez maior competitividade. O grande desafio para o direito do trabalho é hoje o de reencontrar aquela que sempre foi a sua questão fundamental, a justiça social e a cidadania plena, isto é, uma cidadania, não apenas civil e política, mas também económica, social e cultural.

Não é esse, porém, o entendimento do Governo, que, custe o que custar, como tantas vezes repete, prossegue numa via que privilegia a diminuição dos custos laborais e a redução dos direitos dos trabalhadores, mesmo que para isso se viole a Constituição, como nos parece que acontece com algumas destas alterações agora introduzidas ao Código do Trabalho. De estranhar é que alguns juristas, nomeadamente constitucionalistas, digam, por estas ou outras palavras semelhantes, que o (único?) princípio a ter em conta é hoje o da necessidade, perante o qual todos os outros devem ceder, ou que a situação em que estamos justifica uma adaptação das normas constitucionais que limite o seu alcance garantístico. Não é, de facto, legítimo que, em nome do combate ao défice das contas públicas, se esqueça a Lei Fundamental e com ela o próprio Estado democrático de direito, que, como se disse, impõe a reconciliação entre eficácia produtiva e direitos dos trabalhadores, entre a liberdade *de* empresa e a liberdade *na* empresa[16].

---

[16] Ainda por cima, estamos hoje bem pior do que há um ano – quando o voto coligado das diversas oposições parlamentares, que, a

Como diz a Constituição Pastoral *Gaudium et Spes*, "a pessoa humana é e deve ser o princípio, o sujeito e o fim de todas as instituições sociais" e "os progressos técnicos (...) podem proporcionar a base material para a promoção humana, mas, por si sós, de modo nenhum são capazes de a realizar".

Nestes tempos de ultraliberalismo, é preciso, de facto, afirmar que há valores cuja prossecução não pode ser confiada ao mercado e que o primeiro desses valores, o princípio fundador de qualquer sociedade, é a dignidade da pessoa humana – a dignidade que cada ser humano, pelo simples facto de o ser, possui.

É isso que, hoje, como sempre, está em causa no direito do trabalho: a plena autodeterminação do trabalhador como pessoa e como cidadão.

Por isso, esse "*nobilíssimo* ramo do direito", como lhe chamou a *Quadragesimo Anno*, a maior invenção jurídica do século 20, segundo Alain Supiot, continua hoje a fazer sentido – diria mesmo, hoje mais do que nunca.

Quando olhamos para a evolução histórica do direito do trabalho, do liberalismo à atualidade, vemos que, agora, mais do que novos problemas, há os mesmos problemas de sempre. Na *Centesimus Annus*, escreveu João Paulo II que a *Rerum Novarum*, de 1891, era "um documento sobre os pobres, e sobre a terrível condição à qual o novo e não

---

uma só voz, proclamaram que o povo português não poderia suportar mais um PEC, derrubou o governo de então, provocando eleições antecipadas, que nos levaram ao novo ciclo político em que nos encontramos –, com uma situação económica e social, marcada por índices de desemprego e recessão nunca antes atingidos, que se agrava cada vez mais, sem que, infelizmente, se vislumbre saída a curto ou a médio prazo.

raramente violento processo de industrialização reduzira enormes multidões", para, logo de seguida, acrescentar que "também hoje, numa grande parte do mundo, semelhantes processos de transformação económica, social e política produzem os mesmos males".

É isso, ainda hoje, que está em causa, como sempre esteve, no direito do trabalho.

Num tempo em que a produtividade é muitas vezes convertida no único critério para aferir o valor-trabalho e o *social* tende por vezes a ser degradado em subproduto do económico, o direito do trabalho é um espaço privilegiado para a atuação da diretriz personalista, que aponta para uma cidadania plena – e designadamente na empresa.

A "*luta pelo Direito*", na expressão de *Ihering* – afinal a luta, por um mundo "*mais livre, mais justo e mais fraterno*", de que fala o preâmbulo da Constituição –, tem hoje, num momento em que os imperativos económicos procuram questionar muitos dos dogmas tradicionais da disciplina, um campo de eleição na área juslaboral, onde cada vez mais se sentem como necessárias a acentuação da sua raiz antropocêntrica e a afirmação da garantia dos direitos fundamentais da pessoa humana como questão central, que não poderá deixar de prevalecer sobre outros valores, como a rentabilidade e a racionalidade económicas.

A defesa dos mais fracos é, deve ser, uma das funções do Estado democrático, em consonância, aliás, com os ideais humanistas, que proclamam a necessidade de cada um fazer suas "*as alegrias e as esperanças, as tristezas e as angústias, dos homens deste tempo*", realizando a solidariedade que devemos aos nossos semelhantes, particularmente àqueles que não têm voz e àqueles que têm fome e sede de justiça.

DIREITOS ADQUIRIDOS E SEGURANÇA SOCIAL*

NAZARÉ DA COSTA CABRAL**

Muito boa tarde. Antes de mais, queria agradecer o convite muito gentil que me foi formulado pelo Professor Jorge Bacelar Gouveia para estar presente neste Colóquio. Um Colóquio que me parecer ser uma iniciativa muito importante e muito atual, quando vivemos num período muito difícil da nossa História, de profunda crise económico-financeira. Neste momento, aguarda-se uma decisão do Tribunal Constitucional (TC) sobre a constitucionalidade de alguns artigos da Lei do Orçamento do Estado para 2012, designadamente aqueles que implicaram a redução e/ou suspensão do pagamento dos subsídios de férias e de Natal, relativamente a diversos trabalhadores da Administração Pública e, bem assim, a vários pensionistas do regime geral da segurança social e reformados da função pública.

Vivemos numa situação muito crítica, designadamente porque o atual contexto de crise parece estar a justificar uma espécie de 'suspensão' do Estado de Direito demo-

* A intervenção oral pode ser visionada em: https://vimeo.com/43253177

** Professora Auxiliar da Faculdade de Direito da Universidade de Lisboa.

crático. Daí que a análise que nós hoje, juristas, façamos do que se tem vindo a passar, parece muito prejudicada e não sabemos até que ponto os princípios e os valores de enquadramento, à luz dos quais nos habituámos a qualificar e a valorar as situações, podem continuar a ser utilizados e se eles não estarão, pura e simplesmente, postos de lado.

Dito isto, passava então à análise do tema que me foi atribuído, intitulado 'Direitos Adquiridos e Segurança Social' e irei desdobrar o seu tratamento em dois pontos, um primeiro, sobre a qualificação do direito à segurança social como direito fundamental; o outro, sobre a questão dos direitos adquiridos e em formação no domínio da segurança social.

I. O Direito à Segurança Social como Direito Fundamental

O direito à segurança social está previsto no artigo 63.° da Constituição (integra o Título III da Parte I da Constituição – Direitos e deveres económicos, sociais e culturais) e aí se consagra, no seu n.° 1, que "todos têm direito à segurança social".

Uma das questões mais controvertidas e debatidas no estudo dos Direitos Fundamentais é a de saber se estes são *direitos subjetivos* (posição jurídica específica; suscetível de ser acionada pela via judicial). A Lei de Bases da Segurança Social (Lei n.° 4/2007, de 16/1) aponta claramente nesse sentido, expressamente acautelando a 'sindicabilidade' (garantia de efetivação do direito pela via contenciosa).

Reserva esta possibilidade em relação às prestações do sistema previdencial e às prestações do sistema proteção social de cidadania (concretamente, os subsistemas proteção de solidariedade e familiar).

Constitui exceção a esta possibilidade de efetivação pela judicial a área da *Ação Social*. Tradicionalmente aliás, mesmo do ponto de vista conceitual, este era um dos critérios, talvez o mais importante, de distinção entre Segurança Social e Ação Social: a Segurança Social é o 'campo' dos direitos (subjetivos); a Ação Social o 'campo' das simples expetativas.

Aceitando então que, no Sistema de Segurança Social, algumas das suas prestações correspondam a direitos subjetivos, no sentido próprio do termo, perguntamos então se serão direitos subjetivos com idêntica densidade?[1]

Importa, para este efeito, separar então:

A. De um lado, as prestações do sistema de proteção social de cidadania (dimensão não contributiva).
B. Do outro, as prestações do sistema previdencial (dimensão contributiva).

Por razões de interesse analítico ulterior, trataremos, na presente apresentação, apenas das prestações diferidas (pensões).

Assim, no que diz respeito às *prestações do sistema de proteção social de cidadania* (prestações de natureza não contributiva), de que constituem exemplos as pensões sociais e os com-

[1] A densidade do direito está quanto a nós relacionada como os fatores/requisitos de que depende a sua efetivação.

plementos sociais[2], constituem requisitos de acesso a residência e a condição de recursos (não para os complementos sociais). Já no que respeita às *prestações do sistema previdencial* (prestações de natureza contributiva), de que são exemplos as pensões por velhice e invalidez do regime geral dos trabalhadores por conta de outrem ou independentes, constitui requisito central o cumprimento de obrigações contributivas, quer se trate de obrigações de natureza acessória (*v.g.* obrigações declarativas), quer da obrigação principal (pagar as contribuições à segurança social).

Assim, em consequência, enquanto as prestações do sistema de proteção social de cidadania se baseiam numa *lógica de gratuidade* (financiamento através do OE; financiamento fiscal), já as prestações do sistema previdencial se baseiam num *princípio de contributividade* (financiamento pela via contributiva).

Ora chegados a este ponto, afigura-se-nos ser possível afirmar que *a efetivação dos direitos no âmbito do sistema de proteção social de cidadania teria, à partida, uma menor blindagem jurídica do que a proteção dos direitos no sistema previdencial.* Concretizemos.

No que diz respeito às pensões de natureza não contributiva, *o limite mínimo de proteção garantida*, abaixo do qual o Estado não pode cair, sob pena de proteção insuficiente, é, pelo menos como vem reclamando alguma doutrina em relação a outros direitos fundamentais, o *respeito pela dignidade da pessoa humana*. Em direitos que se materializam em pres-

---

[2] Os complementos sociais são prestações que visam completar o valor da pensão até esta perfazer o valor da pensão mínima do regime geral, que adiante indicaremos.

tações monetárias, como é o caso, este respeito traduzir-se-á na atribuição de prestações de valor equivalente *grosso modo* à retribuição mínima mensal garantida (RMMG)[3], ou até ao limiar de pobreza. No caso das pensões não contributivas isso até já nem sucede entre nós, desde logo no que respeita à sua aproximação à RMMG.

A título de curiosidade, vejam-se os valores das pensões do regime geral, para 2012 e que são já muito abaixo daquele valor da RMMG:

- Pensão social: €195.40
- Pensão mínima do regime geral – em função da carreira contributiva:
  - I. Carreiras inferiores a 15 anos: €254;
  - II. Carreiras entre 15 e 20 anos: €274.79;
  - III. Carreiras entre 21 e 30 anos: € 303.23;
  - IV. Carreiras superiores a 31 anos: € 379.04.

Ora, daqui resulta a seguinte questão: significa isto que o limite mínimo deve coincidir com o limite máximo? Em nossa opinião, não (ainda que isto possa encerrar para o Estado a dificuldade jurídica da proibição do retrocesso que é, como se sabe, uma manifestação do princípio da tutela da confiança). Mas deve existir um limite máximo, a definir em função das possibilidades financeiras do Estado e das necessidades dos beneficiários (o Estado não pode, assim, neste caso, conceder pensões de luxo).

---

[3] Valor da RMMG para 2012: €485.

Já no que concerne às pensões de natureza contributiva, afigura-se-nos que elas são mais *densamente* protegidas, porque o direito subjetivo subjacente pressupõe de forma evidente e visível o cumprimento de obrigações jurídicas (as obrigações contributivas): o *bilateralismo reforça a efetivação do direito fundamental* (e facilita também a 'sindicabilidade' judicial). Nesta medida, tradicionalmente, a pensão correspondia ao esforço contributivo pela medida desse esforço (cf. artigo 57.° da Lei de Bases da SS). Assim, por exemplo, se justificava que o valor da pensão, enquanto rendimento de substituição de rendimentos de trabalho, refletisse esses rendimentos: se o trabalhador contribuíra, tendo como base de incidência contributiva, um conjunto de prestações remuneratórias (certas e variáveis), incluindo os subsídios de férias e de Natal, isso mesmo justificava a reprodução desse esforço, no valor e nos termos da atribuição das pensões. Ora, como bem se vê, à luz desta ótica sinalagmática 'pura e dura', poderiam (deveriam!) existir pensões de luxo.

O que significa portanto ser mais densamente protegido? Antes de mais, significa o direito à abertura do direito à proteção na eventualidade. Depois, significa ainda a garantia (em tese) de um certo montante de prestação, calculado de acordo com as regras legais aplicáveis (aquele que corresponde afinal à contrapartida específica do valor pago ao longo da carreira contributiva).

É por causa deste aspeto que importa falar em direitos adquiridos e direitos em formação, aspeto que trataremos no ponto seguinte.

II. O Direito à Segurança Social e a Questão dos Direitos Adquiridos e em Formação

A *teoria dos direitos adquiridos* é antes de mais nada uma teoria sobre a aplicação das leis no tempo:

- Os *direitos adquiridos* à luz de uma determinada lei devem ser respeitados pelas leis posteriores, sob pena de retroatividade;
- As *expetativas*, essas, podem sujeitar-se à nova legislação (não são ainda direito subjetivo e não gozam pois de idêntica proteção jurídica).

Nas sucessivas Leis de Bases da Segurança Social, a expressão comummente usada é a de '*direitos adquiridos e em formação*' (cf. epígrafe do artigo 100.° da atual Lei). Os direitos adquiridos são direitos 'perfeitos', fechados. Já a expressão 'direitos em formação' é equívoca: deveria pretender salientar tão-só que a formação dos direitos à pensão, por ser de longo prazo, se deve sujeitar às vicissitudes que o tempo encerra (fáticas, legais, etc.). Assim, o que de facto sucede, nos 'direitos em formação', é que aí vamos encontrar, quer verdadeiros direitos (aqueles já constituídos ao abrigo de legislação antiga), quer expetativas jurídicas. Ora, a legislação de segurança social pôde desenvolver, ao longo dos tempos, algumas *técnicas* que garantem (garantiam) justamente essa 'separação de águas'.

1.ª Técnica: Mecanismos de transição para a adoção plena das novas regras

Estes mecanismos poderão ser mais ou menos alongados no tempo, consoante o legislador pretenda tornar menos ou mais rápido o efeito da alteração. Ex: Alteração da idade de reforma das mulheres (1993), dos 62 para os 65 anos; período de transição iniciado em 1994, começando em 62 anos e 6 meses, acrescentando-se posteriormente, por cada civil, o período de 6 meses à data fixada para o ano anterior (cf. n.º 2 do artigo 103.º do DL 329/93, de 25/09).

2.ª Técnica: cláusulas de proporcionalidade no cálculo da prestação

- À parcela da remuneração obtida durante a vigência da lei antiga, são aplicáveis as regras antigas de determinação da remuneração de referência e de cálculo da prestação;
- À parcela de remuneração obtida após a nova lei, serão aplicáveis as regras desta última.

Ex: Novas regras de cálculo das pensões introduzidas pelo DL n.º 187/2007, de 10/05 (em articulação com o DL 35/2002, de 19/02[4]).

---

[4] Fórmula de cálculo para inscritos até 2001: é uma fórmula proporcional

$$P = ((PE1 \times C1) + (PE2 \times C2))/C,$$

em que,

PE1: regras antigas de determinação do valor da remuneração de referência (RR) – DL 329/93, de 25/09;

Ora, estas duas técnicas eram consideradas habitualmente como instrumentos adequados para proteger, nos 'direitos em formação', os verdadeiros direitos, já perfeitos, já fechados, evitando que eles fossem atingidos, em caso de alterações legislativas ulteriores, mormente alterações mais penalizadoras desses direitos. A questão que se coloca então, é a de saber o que sucede quando o legislador avança para lá dos trâmites normais da transição e/ou dos mecanismos de proporcionalidade e 'captura' factos passados ainda que em curso? E o que sucede quando o legislador invade realidades que já constituem direitos perfeitos? Dois exemplos:

- Artigo 101.° do DL 187/2007: introduziu um teto máximo de 12 vezes o IAS para o apuramento de P1 (sobre o Assunto, Acórdão do TC n.° 188/2009, de 22/04/2009);
- Recente decisão política (plasmada no OE para 2012) de não pagar nos anos de 2012 e de 2013 os subsídios de férias e de Natal para pensões superiores a €1100, havendo reduções nas pensões entre €600.01 e €1100 (aguardando decisão pelo Tribunal Constitucional – TC).

Na verdade, neste momento, verificamos que o que está em causa é justamente essa 'captura' de direitos supostamente já perfeitos, já fechados.

PE2: novas regras de determinação do valor da RR (DL 35/2002)
C1: n.° de anos civis até 2006
C2: n.° de anos civis desde 2007
C: n.° de anos civis para taxa de formação.

A este respeito, em decisões anteriores (*maxime* o Acórdão n.° 188/2009), o TC usou dois argumentos (alguns importados da argumentação 'fiscal'). São eles:

A) Tutela do princípio da segurança jurídica (na vertente material da confiança)

As alterações legislativas penalizadoras dos contribuintes/beneficiários da segurança social devem passar por um *duplo crivo*:

I. Será inadmissível a afetação de expetativas em sentido desfavorável, em virtude de uma mutação da ordem jurídica, com que, razoavelmente, os destinatários da norma dela constantes não pudessem contar (má fé); e ainda
II. Que tal alteração não seja ditada pela necessidade de salvaguardar direitos ou interesses constitucionalmente protegidos que devam considerar-se prevalecentes (devendo, então, complementarmente, recorrer-se ao *princípio da proporcionalidade*, para aferir do grau de restrição aceitável ao direito).

B) Respeito pelo princípio da contributividade

Esse argumento foi invocado no processo que originou o Acórdão n.° 188/2009 e nele o TC considerou que o princípio não tinha sido violado.

Supomos que será fundamentalmente à luz destes dois argumentos que o TC analisará os mais recentes cortes previstos na Lei do OE para 2012. Quais as questões que se espera assim que o TC venha a responder? No que diz respeito à *tutela da confiança* e ao *princípio da proporcionalidade*, as questões são: *(i)* Trata-se esta de uma afetação em sentido desfavorável com que razoavelmente os seus destinatários não pudessem contar? e; *(ii)* Que não está em causa a necessidade de salvaguardar direitos ou interesses do Estado considerados prevalecentes (v.g. sustentabilidade das finanças públicas)? e finalmente; *(iii)* Existiriam outros meios menos gravosos para alcançar o mesmo desiderato?

Quanto ao *princípio da contributividade*, impõe-se uma questão prévia (à qual provavelmente o TC não vai responder, mas que aqui deixamos): o princípio da contributividade mantém entre nós o significado histórico de relação sinalagmática entre o que é pago e o que é percebido? Assumindo que sim, então o TC deverá cuidar de saber se este princípio foi desrespeitado, na medida em que o valor da pensão deveria reproduzir os rendimentos de trabalho sobre os quais recaíram as contribuições sociais (incluindo pois os subsídios de férias e de Natal).

Enfim, tratam-se de questões cruciais, em relação às quais aguardamos uma decisão, porque dela, afinal, muito depende a subsistência e a sobrevivência do Estado de Direito democrático.

A CRISE, O DIREITO (DO TRABALHO) E O PAPEL DOS JURISTAS*

ANTÓNIO GARCIA PEREIRA**

A época presente está, como sabemos, marcada pela permanente referência à "crise" e pela argumentação da pretensa bondade e inevitabilidade das alterações às leis laborais que ela alegadamente implicaria e imporia sem remissão.

Ora, para bem se compreender todo o sentido e alcance dessas alterações, que têm vindo a ser consecutivamente aprovadas, e se preparam em ainda maior grau, necessário se torna conhecer bem o "terreno", ou seja, a realidade económico-social de que tais medidas decorrem e que elas visam modelar ou modificar, coisas de que normalmente os juristas portugueses não tratam nem querem cuidar.

Assim e desde logo há que ter presente que a aceitação e aplicação de um plano de desindustrialização massiva e progressiva do nosso País e de destruição de grande parte da sua capacidade produtiva (da indústria à agricultura, passando pelas pescas e pelas minas), a persistência na

* A intervenção pode ser visionada em: https://vimeo.com/43255529

** Doutor em Direito pela Faculdade de Direito da Universidade Nova de Lisboa e Professor do Instituto Superior de Economia e Gestão da Universidade de Lisboa.

aposta no modelo dos baixos salários, ou seja, do trabalho intensivo, pouco qualificado e muito mal pago, e a aceitação, assumida e executada pelos sucessivos governos desde o início da integração europeia, do papel de Portugal como uma espécie de sub-colónia dos países mais fortes, em particular da Alemanha, conduziram em linha recta a uma situação de completa dependência económica e financeira, mas também política, de Portugal, tendo de importar mais de 80% daquilo que diariamente consome, mas também sendo o País da UE-27, a seguir à Letónia, com o indicador de desigualdade na distribuição de rendimentos (o chamado índice GINI) mais elevado – em 2010 a média da UE 27 era de 30,5 e em Portugal de 33,7 – e com o 3.° índice de desigualdades sociais mais elevado de todos os 30 países da OCDE.

Um recente estudo da própria Comissão Europeia[1] mostra mesmo que, dos 6 países estudados (Portugal, Espanha, Grécia, Irlanda, Reino Unido e Estónia), o nosso é o único em que as medidas de austeridades têm exigido mais esforço financeiro aos mais pobres do que aos mais ricos. Assim, em Portugal, os 20% mais pobres haviam perdido no período considerado (2009 e julho de 2011) entre 4,5% e 6% dos rendimentos, sendo que nas famílias com filhos essa perda atingiu os 9%, tudo isto enquanto, no mesmo período, os 20% mais ricos apenas perderam 3% dos rendimentos.

Simultaneamente, a própria CMVM revelou que, não obstante a situação do País, só entre 2000 e 2005 as remunerações dos membros das Administrações das 20 empre-

---

[1] *The Distributional Effects of austerity measures: a comparision of six EU Countries*, 2011.

sas mais cotadas na bolsa triplicaram e também que, em média, os gestores dessas empresas ganham cerca de 30 vezes mais que a remuneração média dos respetivos trabalhadores! E, de acordo com os dados muito recentemente divulgados pela Unicef no seu relatório "Medir a Pobreza Infantil", considerando crianças até aos 16 anos e elementos de 2009, num universo de 29 países, Portugal está em 25.° lugar, tendo atrás de si apenas a Letónia, Hungria, Bulgária e Roménia, e sendo que já há 3 anos atrás quase 1/3 das crianças portuguesas estava em carência económica e 14,7% viviam mesmo em famílias cujo rendimento não ultrapassa os 200 euros mensais!

Em outubro de 2011 tínhamos 25,3%, (em 2007 essa taxa era de 18%) da população abaixo do chamado "limiar mínimo de pobreza" (atualmente calculado em 434 €), dos quais grande parte são a esmagadora maioria dos 1.600.000 reformados, com pensões muito baixas (a pensão média geral era, então, de 409,35 mensais, sendo 531,00 a dos homens e 304,00 a das mulheres). Mas também esses pobres são, e cada vez mais, empregados – com efeito, estes, apenas entre 2009 e 2010 aumentaram 124,000, ou seja, 12%! – realidade nova essa que só mostra que há cada vez mais pessoas em Portugal que, embora tendo trabalho, ganham de tal modo pouco que o seu salário já não dá para garantir a subsistência mínima.

Mas, para além destes cerca de dois milhões e meio de pobres, há ainda um número que se estimava ser, no final de 2011, de entre um milhão e meio e dois milhões, senão mais, de cidadãos portugueses que só não estão abaixo do referido limiar mínimo de pobreza por beneficiarem de prestações sociais de diversa ordem (que em linguagem estatística se denominam usualmente de "estabilizadores automáticos sociais"), tais como subsídios de doença ou de desemprego, pensões, complementos solidários, etc.. Ou seja, estavam dependentes para não cair na pobreza daquelas mesmas prestações correspondentes a despesas sociais do Estado que já diminuíram, em termos reais, entre 2010 e 2012 em 19,8% (em termos nominais, 6.5%) e sobre as quais o Governo prepara novos e ainda mais significativos cortes, sempre sob os eternos pretextos do combate ao défice e do pagamento da dívida, lançando estas pessoas na completa miséria e na fome. Por exemplo, entre 2010 e 2011 foram pagos menos 70.000 abonos de família e entretanto as novas regras do subsídio de desemprego – introduzidas pelo Decreto-Lei n.° 64/2012 – encurtaram os prazos de atribuição e reduziram os respetivos montantes, através da fixação de um limite máximo mais baixo, de 3 para 2,5 IAS – o chamado "Indexante de Apoios Sociais", no valor atual, mantido desde 2009, de 419,22 – e da redução automática de 10% ao fim de 6 meses). Porém, e simultânea mas muito significativamente, não obstante o enorme aperto dos respetivos critérios de atribuição, segundo os próprios dados do Gabinete de Estratégia e Planeamento (GEP) do Ministro da Solidariedade e Segurança Social, o número de novos beneficiários do Rendimento Social de Inserção durante o 1.° trimestre de 2012 mais do que triplicou em relação ao último trimestre de 2011, atingindo agora os 330 mil! E, de acordo com as novas medidas que se preparam, os apoios à maternidade irão sofrer cortes até 14%, a condições de acesso ao RSI são ainda mais restringidas e os subsídios de doença, sobretudo nas baixas de curta duração, sofrem igualmente uma acentuada redução.

Actualmente, o número real dos desempregados é da ordem do milhão e quatrocentos mil, já que os 14% do último trimestre de 2011 de desempregados oficiais (771.000.00) subiram já para mais de 800,000,00 – o que corresponde a um agravamento de 3,6% no espaço de um ano! – sendo que a este número haverá ainda que adicionar os chamados "inativos disponíveis" (desempregados que não se chegam a inscrever nos Centros de Emprego por não terem qualquer esperança de voltar a entrar no mercado de trabalho), os "inativos desencorajados" (que chegaram a estar inscritos mas não renovaram a inscrição) e os do "sub-emprego visível" (que são reais desempregados mas que, por frequentarem uma ação de formação ou terem um "gancho" onde auferem umas dezenas de euros, saltam fora das estatísticas oficiais do desemprego) e que ascendiam no final de 2011 respectivamente a 230.00, 83.000 e 187.000, num total de 473.000,00, e que neste período de tempo também subiram. Entretanto, entre os jovens, a taxa de desemprego já vai em cerca de 36%!

Todavia, deste número gigantesco de desempregados, de acordo com os próprios dados da Segurança Social, apenas um quarto recebe atualmente subsídio de desemprego, ficando os restantes 3/4 em situação de completa desprotecção social.

Demonstrando que se está aqui perante um processo de destruição maciça das forças produtivas, o número no final do ano de 2011 de desempregados há mais de um ano era de 405.000 e de há mais de dois anos de 294.000, do mesmo passo que se, em 2011, 4.731 empresas declararam falência (o que já representava um aumento de 14% relativamente a 2010), só no 1.° trimestre de 2012 já a declararam 1650 empresas, o que significa mais 45% do que em igual período do ano passado!

Em termos de mercado de trabalho, a população empregada passou de 4.735.400 no último trimestre de 2011 para 4.662.500 no 1.° trimestre de 2012 (ou seja, menos 72.900 trabalhadores empregados em apenas um trimestre) o que representará, a manter-se este ritmo, um total de 291.600 despedimentos no final do presente ano, isto é, mais 36,6% que em 2011.

Por outro lado, do total da população empregada, há cerca de 750 mil trabalhadores contratados a prazo e estima-se que outros cerca de 500 a 750 mil trabalhadores com vínculos ainda mais precários (tais como "recibos verdes", contratos ditos de "formação", comissionistas, etc.), ou seja, todos os dias há quase um milhão e meio de pessoas, cerca de 1/3 da população empregada, que sai de casa sem saber se à noite ainda tem com que dar de comer aos filhos...

Hoje mais de 70% das novas contratações em Portugal são não permanentes (na UE elas são em média de 50%), mas relativamente aos jovens com menos de 35 anos essa percentagem ascende presentemente a 85%!?

E a verdadeira razão de ser desta aposta na contratação precária é bem evidente quando são os próprios "Quadros de Pessoal" do INE que demonstram as marcadas diferenças salariais entre os trabalhadores com vínculos estáveis e aqueles com vínculos precários: assim, segundo os dados de 2009, a remuneração média horária dos trabalhadores efectivos era de 5,40 euros, enquanto a dos trabalhadores contratados a prazo era de 4,03 euros (74,6% daquela), e a dos trabalhadores temporários de apenas 3,30 euros (61,1%).

Por fim, e uma vez que o discurso ideológico com que continuamente se procuram justificar as medidas de diminuição dos salários e de aumento dos tempos de trabalho é o de que os trabalhadores portugueses seriam pouco produtivos (como se a produtividade não fosse fundamentalmente um problema do empregador, e não do trabalhador, já que consoante este, para fazer o seu trabalho, tiver por utensílio uma enxada ou um moderno tractor, o resultado será completamente diverso...), trabalham pouco e ganham demais, convirá ter presentes os dados que se seguem.

Antes de mais, o salário mínimo nacional é em Portugal, como se sabe, de 485 euros, enquanto em Espanha, por exemplo, é de 748, no Reino Unido de 1.035 e na França de 1.377.

Depois, e de acordo com os dados do ano passado – entretanto a diferença ter-se-á acentuado – do próprio Fórum Económico Mundial, o número médio de horas anuais de trabalho do trabalhador português era de 1.734, o número médio da UE no seu conjunto, de 1.686 (ou seja, menos 48), e o número médio do trabalhador alemão, de 1.659 (isto é, menos 75 horas anuais que o trabalhador português).

Por outro lado, e segundo os próprios dados do Eurostat, os custos hora do Trabalho (incluindo o salário pago, as contribuições para a Segurança Social, a apólice de seguro de acidentes de trabalho e os demais custos administrativos) na média da UE-27 era em 2011 de 23,10, na Espanha de 20,60, na Alemanha de 30,10 e na Bélgica de 39,30, enquanto em Portugal era de ... 12,00 euros! Ou seja, os custos salariais – que os "especialistas" da nossa praça todos os dias proclamam enfaticamente terem de ser radicalmente diminuídos – em Portugal são afinal de apenas 52,4% da média europeia, 58,7% dos custos na Espanha, 40,2% dos custos salariais na Alemanha e 30,8% na Bélgica! Mas, e já agora, convirá ainda salientar que, em contrapartida, a produtividade do trabalho – sempre presente na retórica dos nossos "especialistas" – em Portugal relativamente à UE, à Espanha, à Alemanha e à Bélgica é, respetivamente, de 76,5%, 70,2%, 72,6% e 60%.

Isto é, uma vez mais, e ao contrário do que todos os dias proclamam os ditos "especialistas", segundo as próprias estatísticas da União Europeia, a percentagem da produtividade do Trabalho em Portugal é muito superior à percentagem dos custos do mesmo Trabalho relativamente não só à média da mesma União Europeia como também a países como a Espanha, a Alemanha e a Bélgica! E ainda que, de acordo com as estatísticas públicas, entre abril e dezembro de 2011, mais de 400 mil trabalhadores passaram da situação de emprego para o desemprego, enquanto cerca de 360 mil trabalhadores passaram de desemprego para emprego, o que representa o mais baixo nível da União Europeia das chamadas "segmentação" ou "rigidez" do mercado de trabalho, que precisamente são também todos os dias invocadas para tentar justificar medidas tão gravosas como as que se contêm nas alterações ao Código do Trabalho, quer as já aprovadas, quer as que vêm a caminho.

Finalmente, convém recordar aqui que, ainda antes da "liberalização" e da "flexibilização" introduzidas pelo Código do Trabalho de Bagão Félix (entrado em vigor em 2003), a afirmação, já tão repetida na altura pelos ditos "especialistas", de que o nosso atual Direito do Trabalho seria o mais rígido da Europa, senão mesmo do Mundo, não passava, afinal, de uma autêntica "blague", tão falsa quanto infundada. Na verdade, com a única e pontual excepção do regime jurídico do despedimento individual com justa causa (em que, de facto, o ordenamento jurídico português é algo mais apertado do que na generalidade dos outros países mas que nada tem que ver com as invocadas necessidades de as organizações empresariais adaptarem a sua estrutura às flutuações da conjuntura económica), o nosso sistema laboral era já então mesmo dos mais flexíveis e menos regulamentadores da União Europeia, do mesmo passo que era, e é, dos que mais baixo nível de empregabilidade e mais baixa protecção social em situação de desemprego têm.

Com efeito, e de acordo com um estudo do sociólogo António Dornelas[2] num quadro de índice de regulação legal do mercado de trabalho e numa escala de 0 a 8, Portugal aparecia então, ainda antes das alterações profundas resultantes do Código do Trabalho de 2003, com o valor de "4", a par da Bélgica e da Irlanda, tendo o Reino Unido "0", a Dinamarca "2", a Holanda "5", a França e Alemanha "6", a Suécia, a Itália e a Espanha "7". Por seu turno, um dos maiores especialistas europeus em Direito Social e do Trabalho, Colin Crouch, num outro estudo[3] definia, no quadro das relações industriais na UE, como países com

---

[2] "Trabalho e Emprego: Perspetivas Futuras", in *Emprego e Organizações – mudanças e novas perspetivas*, 20 e 21 de novembro de 1998, pp. 45-63.

[3] "Revised diversity: from the neo-liberal decade to beyond Maastricht", in J. Van Ruysseveldt e J. Visser, *Industrial Relations in Europe – Traditions and Transitions*, Londres, 1996.

padrões laborais baixos, Portugal, Espanha e a Grécia, caracterizando mesmo expressamente o sistema laboral português como "um sistema duro, desregulado e dominado pelos empregadores".

E isto era já assim, repete-se, antes do "Código do Trabalho Bagão Félix" de 2003 e das "Revisões Vieira da Silva" de 2006 e 2009!

E, por outro lado, no que respeita à regulação normativa das relações de trabalho, ou seja, operada não apenas através das leis e dos Códigos do Trabalho mas também, para não dizer sobretudo, por outras Fontes de Direito, com a contratação coletiva (normalmente mais favorável ao trabalhador do que a própria lei) à cabeça, impõe-se salientar que, de acordo com os dados de 2010 da própria OCDE, a taxa de cobertura de trabalhadores por contratação coletiva enquanto era na Áustria de 99%, na Bélgica de 96%, na França de 90%, na Espanha de 84,5%, na Alemanha de 62%, no todo da mesma OCDE de 53,3, em Portugal era apenas de 45%, sendo que se pretende agora diminuir ainda mais essa taxa adotando medidas (ditas de "desconcentração" da negociação) que visam rarefazer em definitivo a mesma contratação coletiva e praticamente tudo reduzir, em matéria de definição das condições de trabalho e de salário, à pura e dura relação individual entre patrão e trabalhador e à óbvia imposição dos poderes e dos interesses da parte mais forte, possibilitando deste modo alcançar um abaixamento ainda maior dos já muito baixos salários que, de uma forma geral, são pagos entre nós e um agravamento ainda mais acentuado das já péssimas condições de trabalho, a começar pelos elevados tempos de trabalho, que são, em geral, praticados.

E isto é assim precisamente porque tal medida do embaratecimento drástico do Trabalho é, pelos vistos, a única medida que é apresentada para quem vive do seu trabalho: pagar, pagar e continuar a pagar a dívida, que não cessa entretanto de crescer (recorde-se que, com um ano apenas de programa de "ajuda" da Troika, ela irá crescer qualquer coisa como de 117 para 190 mil milhões de euros, ou seja, 73 mil milhões!?).

É por tal razão que a lógica essencial, central, para não dizer praticamente única, das recentes, e também próximas, alterações ao Código do Trabalho é a do ainda maior abaixamento dos custos salariais, seja directamente através da redução das condições remuneratórias (com a diminuição das taxas do trabalho suplementar, por exemplo) bem como do aumento dos tempos de trabalho (corte dos feriados e dos dias de férias, "banco de horas" e fim dos descansos compensatórios). É ainda pela redução, inclusive retroactiva (!?), como alguns preconizam, do campo de acção da contratação coletiva, incrementando assim e ainda mais a individualização das relações de trabalho. É, finalmente, pela facilitação e embaratecimento dos despedimentos, para já dos despedimentos por causas "objetivas", em particular por extinção do posto de trabalho e por inadaptação do trabalhador, – o que constitui, como já supra-referido e dada a maior precarização laboral daí decorrente, um outro factor óbvio de abaixamento das condições salariais, apresentado tal abaixamento como factor supremo do aumento da competitividade (sendo que, do ponto de vista científico permanece por demonstrar qualquer relação de causa-efeito entre "flexibilização" das leis laborais e abaixamento dos custos salariais, por um lado, e aumento da produtividade, por outro), e sem qualquer aposta efectiva na modernização, na incorporação tecnológica, na qualificação dos trabalhadores ou na capacidade de inovação, ou seja, nos reais factores de aumento de produtividade dos processos produtivos!

E tudo isto sob a lógica de que, em nome da necessidade de pagamento da dívida e do combate ao défice, "valeria tudo", inclusive o aniquilamento dos mais básicos e elementares direitos, liberdades e garantias, ou seja, a lógica de que afinal os fins sempre justificariam os meios...

Todavia, a verdade é que, com um quadro normativo tão destrutivo dos direitos mais elementares dos trabalhadores, reduzidos à condição de "elementos" do mercado cujo custo importa baixar a todo o transe, se impõe também referir que a "flexibilidade de facto" da legislação laboral é ainda mais aumentada por um elevadíssimo grau de inefectividade das normas laborais.

Para tal inefectividade contribui desde logo uma Administração estadual do Trabalho, a começar pela Inspeção Geral do Trabalho, que, despojada dos meios reconhecidos e atribuídos a outros serviços (como por exemplo as polícias, as económicas – a começar pela ASAE – e as outras ...) pouco mais faz do que aconselhar os trabalhadores a recorrerem aos Tribunais do Trabalho ou então a evitarem o conflito.

Como contribui uma Justiça Laboral essencialmente caracterizada por um regime de custas (e de Apoio Judiciário) que verdadeiramente impede de recorrer à Justiça quem dela mais precisa, já que as respetivas Taxas de Justiça são elevadíssimas, quer em termos absolutos, quer em termos relativos, e facilitam a táctica do estrangulamento financeiro da parte mais fraca pela parte mais forte. Mas uma Justiça do Trabalho caracterizada também e em larga medida por um arrepiante desconhecimento das realidades materiais, sociais e económicas como as atrás descritas e dos evidentes constrangimentos que elas produzem relativamente à possibilidade efetiva da ida a Juízo e de produção de prova (por exemplo, qual é o trabalhador que hoje pode contar com prova testemunhal disponível para ir a Tribunal depôr contra a respetiva entidade empregadora?).

Mas uma Justiça Laboral caracterizada igualmente por concepções e práticas verdadeiramente denegadoras da efectiva realização da Justiça, desde a contínua não promoção (oficiosa ou até mesmo a requerimento das partes) de diligências necessárias ou úteis ao esclarecimento da verdade – como por exemplo a audiência da parte trabalhadora, que, por estratégia da parte empregadora, foi propositadamente chamada sozinha a uma dada reunião – tidas como factores irrelevantes ou afetadores da celeridade, até à ideia de que os chamados "critérios de gestão empresarial", seja lá o que isso possa precisamente significar, não seriam jurisdicionalmente sindicáveis, passando pela fixação de indemnizações em absoluto miserabilistas – ou até a sua denegação, sob o já célebre argumento de que aquilo por que a vítima passou se trataria de "meros incómodos que não merecem a tutela do Direito" !... – nos (poucos) casos de condenação pela produção de danos morais, passando pela lógica – drasticamente agravada com a permanente invocação do chamado "Acordo com a Troika" (cuja natureza jurídica e cujo enquadramento nas Fontes de Direito num degrau necessariamente abaixo do que o da

Constituição da República, aliás, ninguém parece querer analisar e discutir) – de que o que é agora preciso é diminuir as pendências a todo o transe, nem que para tanto seja necessário impor a figura do Juiz liquidatário (que quase sempre não reúne a primeira das condições legais para ser Juiz Titular dos Tribunais do Trabalho, ou seja, ter 10 anos de Judicatura ...), e cuja missão é não tanto a da realização da Justiça mas sim a de "aviar sentenças".

Por fim, importa ter presente o (mau) exemplo que vem de um Tribunal Constitucional com um regime e um comportamento inaceitáveis num Estado de Direito. Desde logo, porque é o único Tribunal do País que tem um regime de custas próprio – que aliás lhe permite a aplicação de custas violentíssimas, que funcionam como verdadeiro desincentivo, sobretudo para quem vive unicamente do seu trabalho, à fiscalização da constitucionalidade das leis – e cujo regime esse determina que as custas e multas aplicadas pelo Tribunal Constitucional constituam receita corrente do próprio Tribunal (aliás já devida e antecipadamente prevista no Orçamento elaborado no ano anterior!?), tornando-o assim objetivamente interessado no maior número possível de rejeições e de improcedências que fôr capaz de produzir.

Mas também, para não dizer sobretudo, pelas concepções que – completamente ao arrepio dos mais elementares princípios de um Estado de direito – o mesmo Tribunal Constitucional vem consagrando em nome da invocação de certos fins (o combate ao défice e/ou à dívida), como se estes pudessem justificar todos os meios.

Assim, a Jurisprudência mais recente do Tribunal Constitucional, consagrando a admissibilidade da retroactividade de leis fiscais, bem como do genocídio dos direitos laborais mais básicos e, nos poucos casos em que alguma inconstitucionalidade é decretada, salvaguardando sempre o facto consumado (ou seja, os efeitos já produzidos por um diploma legal que afinal "apenas" contraria a Lei Fundamental do País) e fazendo com que, em matéria de direitos fundamentais, o crime sempre compense, apenas confirma esta crescente inutilização prática dos direitos fundamentais dos cidadãos, e em particular dos cidadãos trabalhadores, com a passividade, para não dizer a cumplicidade activa, daqueles a quem mais competia defendê-los.

A exclusão do ensino da Filosofia, e em especial da Filosofia do Direito, dos cursos de Direito, a aposta numa formação – em particular a dos Juízes de magistrados do Ministério Público – essencialmente, para não dizer quase exclusivamente, técnico-formal, em que a componente cívica e de cidadania está praticamente ausente, a rendição de grande parte dos Juristas às conceções do Direito que expulsam deste as considerações sobre a Justiça e que procuram fazer dele um mero instrumento de legitimação e de maior operatividade das soluções ditadas a nível da Economia, ou melhor, dos interesses económico-financeiros prevalecentes, também desempenham aqui um papel muito relevante.

É que estamos hoje numa época que os interesses do grande capital financeiro pretendem que seja caracterizada por uma negação permanente da cidadania e por uma "nova mitologia", na qual a sociedade e a empresa se transformam em definitivo num instrumento de exclusão, e que o chamado "moderno" Direito (em especial o

Direito do Trabalho) é chamado a "legalizar" e a justificar, e que se caracteriza essencialmente:

a) Pela capacidade de produção, pela velocidade dos processos e pela superficialidade dos conceitos – tidos e apresentados como os instrumentos de apreciação dominante de tudo e de todos!
b) Pela natureza "descartável" igualmente de tudo e de todos (de acordo com a qual cada produto deve ser incessantemente "reciclado" atendendo ao contexto da moda, sob pena de ser implacavelmente retirado da montra, procurando impor-se a mesma ideologia e a mesma lógica para o próprio trabalho humano).
c) Pelas pretensas "inelutabilidade" e "eternidade" destes mesmos fenómenos.
d) Pelo elogio do individualismo extremo, com desprezo pela organização, pela solidariedade social e pelo coletivismo, e dentro da lógica de que todos os meios são legítimos para atingir fins – é o "vale tudo"! – e, mais, numa prática de autêntico "darwinismo social" de desprezo pelos fracos, pelos doentes, pelos idosos, pelos vulneráveis, pelos deficientes, com a consequente "justificação" da sua exclusão.
e) Pela afirmação da pretensa desnecessidade das ideologias e dos princípios, e pela negação dos princípios e valores básicos (como a solidariedade, a entreajuda, a honradez), sempre em nome do "pragmatismo", da "eficácia", da "competitividade" e do deus Mulloch do "mercado". E, a nível jurídico, pela diluição e esvaziamento dos grandes princípios constitucionais – como o da dignidade da pessoa humana, como

valor estruturante da República Portuguesa, nos termos do art. 1.° da Constituição da República, o da solidariedade social etc., etc. – esvaziamento esse tendente a apresentar tais princípios, com a "justificação" ideológica da sua alegada datação no tempo, como algo ultrapassado ou, pelo menos, meramente programático, virtual, ou seja, inútil!

f) Pela gestão "científica" e pela justificação social e jurídica da incerteza, da angústia e sobretudo do medo – o medo de perder o emprego, de perder a casa, de não poder educar os filhos, o medo do estrangeiro, do estranho, do deficiente, do divergente...

Na verdade, noutras épocas, tinha-se medo da Natureza. Hoje, procura impor-se (de forma que, como é óbvio, não é ideologicamente neutra) que se tenha medo da Sociedade, do próximo, do futuro, do diferente ou do minoritário, como forma de manietamento da consciência colectiva e do amordaçamento da razão crítica de cada um.

A vulnerabilidade dos cidadãos, a generalização da incerteza e da insegurança, a desestabilização mesmo dos aparentemente estáveis revelam-se então instrumentos absolutamente fundamentais de controlo social. É por isso, aliás, que a precariedade de que hoje tanto se fala é então apresentada como um destino comum, interiorizado por todos, e deixa de ser uma característica marginal para passar mesmo a constituir, como refere Robert Castel, a "nova questão social".

Neste quadro – e face a uma lógica de transformação do Direito segundo a qual se a velocidade e a capacidade de produção ao minuto são valores máximos num mundo em que as relações intersubjetivas se tornam cada vez mais efémeras em virtude da quantidade de problemas a serem resolvidos ao segundo, o mesmo Direito e os juristas teriam então de aceitar submissa e passivamente serem transformados em meros "instrumentos de actuação", e que devem ser instrumentalizados, agilizados e simplificados, a fim de satisfazerem essa imperiosa necessidade de rotação do capital e da obtenção do máximo lucro – a resistência relativamente a uma tal "lógica" constitui uma prioridade absoluta, em particular por parte dos mesmos juristas, adoptando aquilo que Miguel Pressburger justamente apelidou de "positivismo de combate" (em que se defende e se combate por que as conquistas sociais alcançadas tenham efetiva concretização, ou seja, tenham vida real, e não meramente formal ou virtual).

A chamada "crise da Justiça" e a inefectividade prática das normas relativas a direitos sociais e cívicos não são de todo uma espécie de fatalidade do destino, mas desempenham afinal um papel importante de controlo social, já que afirmam a existência dos direitos na medida em que tal afirmação é imposta pela necessidade ideológica de parecer conferir tais direitos e, logo, de conter e normalizar o conflito de interesses subjacente à norma dentro dos limites do socialmente aceitável, mas de imediato comprimem e restringem efectivamente esses mesmos direitos aos limites impostos pelas novas racionalidades do sistema e asseguram assim a maior margem de manobra possível dos grandes "poderes de facto".

E assim, na época em que a (anti)-racionalidade dos grandes interesses económico-financeiros se procura impôr, apresentando-se como uma realidade imutável e inelutável da qual os juristas devem ser meros instrumentos passivos e eficazes, a grande resposta deve ser afinal buscada no papel do Homem (e logo também do Homem Jurista) face ao seu percurso histórico, ao que já foi trilhado até aqui e, sobretudo, ao que havemos de construir daqui em diante. E na defesa da Democracia e dos princípios e dos métodos que ela necessariamente supõe e impõe.

Há, pois, que traçar caminhos inteiramente novos neste campo.

Caminhos novos como a revogação completa dos actuais regimes do Acesso ao Direito e das Custas Judiciais, garantindo a gratuitidade muito em especial da Justiça Laboral e da Constitucional; a reformulação da composição e funcionamento actuais do Tribunal Constitucional e a instituição do recurso de amparo em matéria constitucional; a proibição do recurso a questões formais para obviar ao conhecimento e decisão das questões de fundo; a sujeição a controle jurisdicional de todos os actos do M.°P.°; a efectiva responsabilização dos responsáveis da Justiça pelo cumprimento dos prazos; a extinção dos DIAP's e a consequente imposição de que o M.°P.° que promover a acusação ou o arquivamento intervenha no julgamento a sustentar a sua posição; o reforço da necessidade de fundamentação das decisões judiciais e a garantia efetiva do duplo grau de jurisdição, quer de direito, quer de facto; a extinção dos actuais Conselhos Superiores da Magistratura e do Ministério Público e a sua substituição por órgãos constituídos por cidadãos idóneos, eleitos por período de tempo superior ao de cada legislatura; a redução do papel dos sindicatos de magistrados à mera defesa dos seus interesses sócio-profissionais.

Mas o traçar destes caminhos novos implica também a radical alteração dos conteúdos, dos agentes e dos métodos formativos, quer do ensino em geral, em particular do Direito, com a imposição do papel das universidades como centros de criação de cidadãos ativos e conscientes, e com a obrigatoriedade das disciplinas da Filosofia (a nível do ensino secundário) e da Filosofia do Direito (no próprio curso universitário), quer da formação dos magistrados, designadamente demolindo o atual "edifício ideológico" do CEJ, abrindo-o à sociedade e ao controle democrático dos cidadãos e introduzindo uma forte componente cívica nessa mesma formação.

Assim, toda a formação dos Juristas, desde o ensino universitário até à formação "profissionalizante" mais específica de cada profissão jurídica, com particular destaque para os juízes e advogados, tem de ser revista de alto abaixo.

A ideia central é a de que toda essa formação deve servir, antes de tudo e acima de tudo, para criar cidadãos activos e conscientes, capazes de refletirem pela sua própria cabeça e de tudo sujeitarem ao crivo da sua razão crítica. Na lógica de que, mais do que conhecer, é preciso compreender. E, mais do que declarar, se impõe assegurar. E ainda fazê-lo ao serviço do Povo em nome do qual se exerce um poder soberano. Porque, por exemplo e como bem afirma Alain Supoit, "a simples declaração de igualdade formal não serve, num primeiro tempo, senão para despojar os mais fracos das prestações que lhes são próprias".

Com a implicação dos formandos no contacto com as realidades em que se terão de mover no futuro (como por exemplo as visitas aos mesmos estabelecimentos prisionais para onde mandarão no futuro cidadãos quando os condenarem a penas de prisão; ou os períodos de estágio de Advocacia, para melhor compreenderem o papel dos representantes dos cidadãos e a pressão dos prazos, etc.), e, sobretudo, a permanente insistência seja na ideia-matriz de que um magistrado é titular de um órgão de poder de soberania, a qual reside no Povo, e de que ele não tem mais dignidade social do que aqueles que ele julga, seja na conceção antropocêntrica do Mundo e valorizadora da dignidade da pessoa humana e na noção de que sem a realização da Justiça não há verdadeiro Direito (pois que aquela é o verdadeiro paradigma da orientação e da legitimidade deste e a realização da mesma Justiça passa não só pelo seu reconhecimento como também e sobretudo pela sua garantia).

A pública discussão dos respetivos conteúdos, a aprovação dos respetivos docentes por critérios cristalinos de competência (v.g. concursos), com a imposição de uma parcela das vagas preenchidas por não magistrados, a atribuição da sua direção a não magistrados, bem como a efectiva abertura dos lugares dos Supremos Tribunais a não Juízes e a real implementação do funcionamento dos Tribunais de Júri são outras tantas medidas no mesmo sentido, cuja adopção se impõe, e cada vez mais.

Mas o que acima e antes de tudo se impõe é que se não aceite o verdadeiro "estado de sítio não declarado" em que se pretende colocar o País, nem a suspensão "de facto" da Constituição que todos os dias se pretende impor. É que a rendição do Direito e dos Juristas a esta lógica fascizante de que os fins justificariam os meios, de que a Lei Fundamental foi substituída pelos "*diktats*" de entidades e interesses estrangeiros e de que se teria de aceitar de novo, 38 anos depois do 25 de abril, o "manda quem pode, obedece quem deve!", só poderá significar que, doravante, a resistência à aplicação destas medidas decerto que não se irá reduzir à (cada vez mais diminuta e ineficaz) dimensão da sua apreciação jurídico-formal – apreciação essa transformada praticamente num mero juízo da respectiva legitimação, nomeadamente sob o argumento da indiscutibilidade da razão da Força – e antes se irá inevitavelmente transferir para o campo em que a força da Razão se possa, e seguramente se irá, impor!...

SESSÃO DE ENCERRAMENTO

ALOCUÇÃO DE ENCERRAMENTO

HELENA PEREIRA DE MELO*

MAGNÍFICO REITOR DA UNIVERSIDADE NOVA DE LISBOA, PROFESSOR DOUTOR ANTÓNIO BENSABAT RENDAS,
SENHOR PROFESSOR DOUTOR DIOGO FREITAS DO AMARAL,
SENHOR PROFESSOR DOUTOR JORGE BACELAR GOUVEIA,
SENHORAS E SENHORES,

A Faculdade de Direito da Universidade Nova de Lisboa, pela mão de Jorge Bacelar Gouveia, Catedrático desta Faculdade, juntou-se ao seu Centro de Investigação e Desenvolvimento sobre Direito e Sociedade (CEDIS) e ao Instituto de Direito Público para organizarem um colóquio subordinado ao tema "A Crise e o Direito". Em boa hora o fizeram, como ressalta da qualidade das intervenções hoje aqui feitas e do interesse manifestado pela assistência durante este já longo dia.

Quero começar por saudar o Magnífico Reitor da Universidade Nova e por Lhe agradecer, penhoradamente, em

* Subdiretora e Professora Auxiliar da Faculdade de Direito da Universidade Nova de Lisboa.

nome da Direção Faculdade de Direito da Universidade Nova de Lisboa, a presença nesta sessão. A constante simpatia e a dedicação do Senhor Reitor à nossa Faculdade devem ser, uma vez mais, postas em evidência.

Saúdo, também, o Senhor Professor Doutor Diogo Freitas do Amaral, que não apenas fundou a FDUNL, com linhas orientadoras diferentes das existentes nas outras Faculdades de Direito do País, como sempre procura estar presente nos congressos e seminários organizados por aquela, fazendo-o com a maior generosidade e dedicação académicas. Dou, deste modo, expressão à justa admiração e amizade que todos os Professores desta Casa demonstram pelo Senhor Professor.

Gostaria igualmente de realçar o apreço científico e profissional que esta Faculdade deve ao Senhor Professor Doutor Jorge Bacelar Gouveia, e de o cumprimentar pela ideia de realizar este colóquio, onde se debateram diversas perspetivas, assentes em conceções plurais e diferentes. Este debate no contexto de "crise" em que Portugal se encontra é fundamental para prepararmos o futuro, refletindo sobre as possíveis alternativas para dela sairmos.

Agradeço o amável convite que me foi dirigido para encerrar este colóquio, em representação da sua Diretora, Senhora Professora Doutora Teresa Pizarro Beleza, que muito me honra. O tema debatido é transversal a todos os ramos do Direito e suscetível de múltiplas análises, nomeadamente no que concerne ao papel do discurso jurídico enquanto regulador dos vários poderes (político, económico...) presentes na nossa sociedade. Foi, deste modo, fundamental para que se procedesse ao seu enquadramento, a conferência inaugural proferida por António

Manuel Hespanha, reputado historiador do Direito, subordinada ao tema "Direito, Argumentação e Crise".

Igualmente importantes para a análise dos fatores que contribuíram para o aparecimento da crise foram as comunicações científicas proferidas por académicos de referência (Professores Doutores Carlos Ferreira de Almeida, Eduardo Paz Ferreira, Margarida Lima Rego, Nuno Piçarra, Paulo Otero e Vítor Neves) dos dois painéis temáticos que ocuparam a manhã, em que se analisaram as relações existentes entre a crise, o Direito, o poder e a economia. Durante a tarde refletiu-se sobre as consequências da crise no exercício dos direitos sociais, e no possível aumento de situações de exclusão social, dela decorrente. Ilustres Académicos (Professores Doutores José João Abrantes, Nazaré da Costa Cabral e António Garcia Pereira) abordaram as diferentes dimensões deste tema nas suas vertentes laboral e de segurança social.

Tentar contribuir para a procura de soluções assentes numa conceção de Justiça fundada na eminente dignidade da pessoa humana e no respeito pelos seus direitos fundamentais, num mundo em que as soluções têm de ser partilhadas à escala global, foi o objetivo deste Colóquio. Na medida em que o destino da nossa democracia depende, em larga medida, das soluções encontradas para a "crise" da Justiça, do Poder, da Economia, a realização deste Colóquio é inegavelmente de aplaudir. Deste modo apenas me resta dizer: Muito obrigada e bem hajam por o terem realizado!

Lisboa, 22 de Maio de 2012